地方の小さな会社のリライブシャツがなぜ100億円も売れたのか

株式会社りらいぶ社長
佐々木貴史
Takashi Sasaki

青志社

地方の小さな会社のリライブシャツがなぜ100億円も売れたのか

まえがき

〈こんな日を私は想像していた。

必ずこのシャツは売れる、お客様から感動の声と注文が続々と届き、嬉しい悲鳴を上げる自分の姿を想像した。

それが現実となって私の人生を大きく変えていってくれた――。〉

「肩のコリが改善されラクラクです」

「腰のコリが改善され心地よく眠れます」

「介護の仕事が、だいぶはかどるようになりました！」

「夜中に3～4回、トイレで起きていたのに、助かっています！」

……こうしたお客様からの声が、毎日のように私のもとへ届いています。

これらは全て、私が運命を賭《と》して世に送り出したある商品への感謝の声です。

その商品とは「リライブシャツ」。

トルマリンなど、特殊加工した数種類の鉱石をプリントしてあるシャツ。着るだけで元気になれるシャツ。

シャツのプリント部分には鉱石トルマリンなどが練り込まれていて、身体のツボに沿って配置しています。プリント部分から遠赤外線が放出されていて、この遠赤外線が衣服を通して筋肉に働きかけ、血行が良くなり、筋力をサポートしてくれます。

それが、**元気を着るリライブシャツ**です。

私がこのリライブシャツを開発したのは、2018年、57歳のことでした。

〈このシャツは、世界中の困っている人たちを助けられる素晴らしい商品だ。絶対に売れる。100億円は売れる！〉

そう確信した私は、当時やっていた事業をほぼ全て清算し、リライブシャツの普及に人生を懸けたのです。でも、最初はなかなか売れませんでした。

「着るだけで肩コリが改善する？　まさか（笑）」という感じで、信用してもらえなかったのです。

しかし、2021年2月、YouTubeの人気番組「令和の虎」で紹介されるや否や、リライブシャツは一気にブレイク。

それまで年商7000万円だった私の会社は、わずか3年後に約1000倍、年商77億円まで伸びたのです。

今年、2024年の春からは、リアクション芸人・出川哲朗さん出演のテレビCMも始まりました。このCM効果もあり、2024年の今年は年商100億円のペースで売れ続けています。

「着るだけで肩や腰が楽になって元気になれる」――。

このように言われても、「信じられない」という方も多いと思います。実際、販売を開始してからしばらくの間、そういう状態が続きました。

しかし、リライブシャツの効果には、エビデンスがあります。多くの若い人や中年、お年寄りの人たちに協力をしていただき、大学の研究室や行政を含む様々な機関によって、効果が実証されているのです。

北は北海道から南は九州まで、全国20近い地方自治体で、実証実験が行われました。

例えば神奈川県の横須賀市では、協力してくださった100%の人が腰のコリを改善させ、89%の人が肩のコリを改善させています。

さらに、前屈が6㎝伸び、肩の可動域も平均5・5㎝伸びたのです。

第三者検査機関による**効果検証では、両腕の可動域が広がり毛細血管の血流速度が上がり、腰の筋硬度が柔らかくなり、ジャンプ力、握力、背筋力などの数値も向上**しました。実感調査では、**ストレスや睡眠についても改善した、**との結果が出ました。

岩手大学大学院などでも、効果が検証されています。

私自身、開発当初からリライブシャツを着ていますが、腰のコリが無くなり、睡眠の質も劇的に改善されました。いまや、販売会社の社長というより一ユーザーとして、もうこのシャツを手放せなくなっています。

2018年には国内特許を取得し、その後、商標登録、意匠登録も取得しました。

海外進出のため、アメリカでも特許を取得しています。意匠登録は、アメリカ、EU、中国で取得済みです。

2024年には、リライブシャツαは医療機器になりました。

遠赤外線の血行促進効果により、腰コリ、肩コリ、関節痛の緩和や冷え性の改善、運動効果の向上などが期待できる――という「着る医療機器」として、リライブシャツが認められたのです。

ところで、先日開催されたパリ五輪では、日本人選手がめざましい活躍をしました。金メダル20個、銀メダル12個、銅メダル13個と、計45個のメダルを獲得。海外で開かれたオリンピックでは、歴代最多の記録です。

特に金メダル20個は、アメリカ、中国に次ぐ世界で3番目の多さでした。かつて日本人は、「体力的に劣る」ともいわれていましたが、今やスポーツ大国となったようです。

リライブシャツも、スポーツとの相性は抜群です。

着るだけで筋力や柔軟性の改善をサポートできるとあって、多くのスポーツ選手にも愛用されています。

私どもがサポートしているスポーツチームだけでも2024年8月現在、サッカーベルギー1部リーグ「シントトロイデン」、プロバスケットボールBリーグ「三遠ネオフェニックス」、卓球Tリーグ「琉球アスティーダ」、サッカーJFL「クリアソン新宿」、女子バレーボールVリーグ「ブレス浜松」、フットサルFリーグ「ヴォスクオーレ仙台」、女子バスケットボールWリーグ「姫路イーグレッツ」、野球独立リーグ「兵庫ブレイバーズ」、「佐賀インドネシアドリームズ」があります。

また、個人として愛用してくださっている選手の方は、数えきれないほどいらっしゃいます。

スポーツ選手ばかりでなく、介護や肉体労働などに従事する方々にも、リライブシャツは重宝されています。

今や、深刻な社会問題となっている介護。リライブシャツを着ることで、介護の仕事が快適にできるようになりました。

また、引っ越し作業等の重労働にも、リライブシャツは威力を発揮します。荷物を運ぶ作業で効果が実感できるでしょう。

農家や建設、運送、立ち仕事、事務仕事など様々な場面でお役に立っています。

さらに足腰に不安を抱えている高齢者の健康維持でも期待されています。

私はリライブシャツを開発する以前から、約30年にわたって会社を経営してきました。コンピューター、サプリメント、飲食店、住宅、不動産、相続……その事業内容は様々です。

本書では、**私が長年の経験から得た起業・経営のノウハウを、惜しみなく盛り込みました。**

起業を志す方や経営者の方はもちろん、普通のビジネスマンの方にも、大いに役立つと思います。

さらに、リライブシャツ開発の秘話や、ブレイクのきっかけを作っていただいた令和の虎の裏話なども紹介しています。

少し気恥ずかしいのですが、本邦初公開の、私の人生劇場のごとき物語も書きました。その部分は、笑って読んでくだされば幸いです。

佐々木貴史

地方の小さな会社のリライブシャツがなぜ100億円も売れたのか

目次

第2章 発想力を養う

――今つらい思いをしている人がいるかもしれません。でも大丈夫です。必ずターニングポイントがやってきます。――

第3章 「仕組み」を味方につける

―どんな仕事も、仕組みで回っていることを発見したのです。―

第4章 起業に絶対必要なもの

――未来をどう想像するかが大事だと思います。
心に想うチャンスを逃さない。――

第5章 100億円の壁を超えて見えてくるもの

もっと高い志を掲げることで、コンフォートゾーンを広くとっていく。高い志を持てば、今が途上だとわかる。

ブックデザイン　塚田男女雄

第1章

リライブシャツ旋風

自分の運命を決めるものは、
心が作り出すものと
信じてやってきました。

「ヤバい！」

いきなり質問で恐縮ですが、読者の皆様は、**こんなテレビコマーシャルをご存じでしょうか？**

机に座り、テレビを見ている出川哲朗さん。

画面では、首相が記者会見しています。

「腰のコリがひどい皆様におかれましては、コリコリ星に移住していただくことになります」

何と、腰のコリがひどい方は、はるか彼方の（？）コリコリ星に移り住め、というのです。これを聞いた出川さんは、叫びます。

「え～！　俺コリコリ星なんか行きたくないよ～！」

どうやら出川さん、腰のコリをお持ちのようです。

コリコリ星に行かされることを、信じて疑わない様子。

ホントに嫌そうな顔をしています。

そこへ、謎のオジサンが現われて、

「じゃあ、このシャツを着てください」

と、出川さんにTシャツを渡します。

シャツを着た出川さん。謎のオジサンに両腕を後ろから引っ張られ、

「イヤイヤイヤ！」

とわめきます。

なんか、いつもより体が柔らかくなったらしい。

続いて出川さんは前屈し、またわめきます。

「オオ～！」

やはり、体が柔らかくなっているようで、普段より曲がっているみたいです。

どうも、Tシャツを着たせいで、急に体が柔軟になっている模様。

「いや、でも、こんなシャツあり得ないでしょ！」

びっくりする出川さんに向かって、謎のオジサンが一言。

「あり得ます！」

腰のコリも改善したらしい出川さんは、謎のオジサンに抱きついて叫びます。

「地球に残れた〜！　ヤバいよリライブ〜！」

……いかがでしょう？　ご覧になったことがありましたでしょうか？

実は、ここに登場した「謎のオジサン」の正体こそ、私・佐々木貴史なのです。

出川さんが着たシャツを販売している会社の社長です。

そのシャツとは**「リライブシャツα《アルファ》」などのリライブウェア。**

着るだけで、

①肩や腰のコリ・ハリが改善し、

②筋肉のハリ・コリも改善し、

③疲労も回復・改善し、

④血行を促進するという、

「ヤバい」シャツです。

このほか、「睡眠環境が整い、心地よく眠れる」等々の声も、多数いただいています。

タレントの出川哲朗さんと共演した「驚きと悩みの無い嬉しさをあなたも体感してみませんか？」のリライブシャツCM。このCMも大ヒットにつながりました。

リライブシャツのメカニズム

着るだけで身体のサポートができ、コンディションが整う――。
そう言われても、「信じられない」という方がいらっしゃるかもしれません。ここで、リライブシャツのメカニズムを、説明致したいと思います。

リライブシャツとは、トルマリンやテラヘルツなどの複数の鉱石を、何ヶ所もプリントされているシャツです。

リライブシャツには、東洋医学を応用した弊社独自の「間接テーピング技術」が施されています。この技術では、シャツのプリント部分に鉱石が練り込まれており、これを「リライブ加工」と呼びます。リライブ加工は、体の特定のツボに沿って配置されており、この配置技術を「間接テーピング技術」と言います。間接テーピング技術により、プリント部分から放出される遠赤外線が、衣服を通して筋肉に働きかけます。この遠赤外線が血行を促進し、筋肉をサポートします。耐用年数は、およそ1年間です。

要は、リライブシャツを着ているだけで、身体のサポートが簡単にできるのです。

実際、リライブシャツを着ると、**筋肉が柔らかくなるというエビデンス**もあります。特に腰の筋肉の硬さは、25％も下がったというデータが出ました。

これは後ほど紹介します。

マッサージの場合、筋肉の硬さは16％下がるそうです。で、30分ぐらい経つと、元へ戻る。https://t.co/YM4HkTFIDF（慶應大学の論文）

一方、**リライブシャツ**は約25％下がるうえ、**着ている間、ずっと体感が維持される**のです。https://t.co/YM4HkTFIDF（同）

開発者の私自身、リライブシャツを着始めてから、腰がすごく楽になりました。毎日ほぼ24時間、リライブシャツを着ています。

また、血行が良くなると、筋肉のコリ・ハリを緩和する以外の効果も生じます。

何もしなくても、ストレッチをしている感じなのです。

疲労の回復、冷え性の改善、新陳代謝の促進……といった健康

サポートも、大きいです。

人間の体には、簡単に言うと電気信号のようなものが流れています。リライブシャツを着て、経絡が刺激されると、その部分に電気信号が流れます。するると、普段使われていない筋肉が刺激され、筋力も柔軟性が改善され、パワーを働きかけるのです。

行政、大学、第三機関による実証実験

リライブシャツの効果に関しては、行政、大学、第三者機関によって、いくつものデータが出されています。http://relive.site/

代表的な事例を、以下に紹介致します。

行政においては、全国20近い地方自治体で、実証実験が行われました。

神奈川県横須賀市の例を、まえがきで述べたので、ここでは岡山県新庄村のデータを示

します。

2022年9月12日から10日3日まで、男性16名、女性18名の方々を対象に、リライブシャツの実証実験を行いました。

その結果、前屈は平均約6㎝伸びたのです。

また、実験開始時点で34人中26人の方が訴えていた腰のコリが、2週間後には6人へと減りました。

肩のコリは23人から15人へ、首の不調は17人から8人へと減少。「疲れが取れにくい」という方は、14人から2人へと改善したのです。

2023年1月には、岩手大学大学院において、「リライブシャツ着用によるアスリートの運動パフォーマンス効果」が研究されました。

対象者は、週に2時間以上運動をする、**15歳から18歳までの 高校サッカー部の生徒21名**です。

検証方法は、「立ち幅跳びをリライブシャツ着用時、非着用時をそれぞれ3回ずつ測定し、比較する」というものです。

その結果、21人中16人が、記録をアップさせました。

21人の平均で言いますと、リライブシャツ非着用時の平均は209・6㎝、着用時の平均は212・3㎝と、2・7㎝の差が出ました。

研究報告は、「リライブシャツは着用することにより、跳躍力を向上させることに有効であると考えられる」と結論づけています。

2022年10月28日から12月10日まで、第三者機関である株式会社TFCラボによって実施されたデータもあります。

対象者は、年齢30歳以上59歳以下の男女14名です。

それによると、着用2週間でジャンプ力が平均27・6%、握力が平均14・05%、背筋力が平均35・6%上昇。

さらには末端の血流速度が平均49・8%、両腕の可動域が平均32・9%アップ、腰の筋硬度が平均25・3%ダウンしました。

検証報告は、「リライブシャツ・パンツを着用することにより、血行が良くなりその**相乗効果として疲労軽減、また体幹が強くなり可動域の向上や筋力のアップが見込まれ**」、「**身体に異常を訴える者はいなかったので 安全性に関して問題ないことが確認された**」と結論づけています。

以上のデータのほか、**日本薬科大学による「鉱石材料のシャツが自律神経（ＨＲＶ）に与える研究」という論文**もあります。

これは、成人男性12名を対象にした研究で、こうした様々な研究を行い、良い結果を積み重ねております。

今後もデータ、エビデンスを積み上げて、リライブシャツへの信頼性を、ますます高めたいと考えています。

まえがきでも少し述べましたが、リライブシャツは、２０２４年に医療機器として認定されました。

医療機器とは、要するに病気の診断、治療、予防の際に使われる機械器具のこと。

リライブシャツは、遠赤外線の血行促進効果により、腰のコリ・ハリの改善、筋肉のハリ・コリの改善、疲労も回復、改善などが期待できるということで、「着る医療機器」として認められたのです。

特許は販売前の2018年に取得し、商標登録、意匠登録も取得しています。

私は「世界中の人々に、リライブシャツをお届けしたい」との志を持っていますから、実は**アメリカでも特許を取得**しています。**意匠登録は、アメリカ、EU、中国で取得済み**です。

リライブシャツを着ると、筋力、柔軟性がサポートされます。そのため介護職と並んで、スポーツ選手にも重宝されています。

まえがきでも記した通り、**わが社は2024年現在いくつものスポーツチームをサポートしています。**

あらためて紹介しますと、これらのチームです。

サッカーベルギー1部リーグ「シントトロイデン」、**プロバスケットボールBリーグ**「三遠ネオフェニックス」、**卓球Tリーグ**「琉球アスティーダ」、**サッカーJFL**「クリアソン新宿」、**女子バレーボールＶリーグ**「ブレス浜松」、**フットサルＦリーグ**「ヴォスクオーレ仙台」、**女子バスケットボールＷリーグ**「姫路イーグレッツ」、**野球独立リーグ**「兵庫ブレイバーズ」、「佐賀インドネシアドリームズ」。

このうちバスケットボールの「三遠ネオフェニックス」さんとは、２回に渡ってコラボ動画を出しています（三遠ネオフェニックスさんにリライブパワーを届けに行きました！〜前半〜・プロバスケチームの三遠ネオフェニックスさんでリライブ実験を行いました！〜後半〜）。

その中で、リライブシャツの効果を検証していますので、ぜひご覧いただければと思います。

ちなみに**「三遠ネオフェニックス」さんは、リライブシャツを提供後、勝率を急上昇**させています。

頑張れネオフェニックス！

私がこのリライブシャツを開発したのは２０１７年。整体師兼スポーツトレーナーをしている友人との、出会いがきっかけでした。

〈これは絶対に売れる〉

シャツが完成した時、私はそう確信しました。

何しろ着用するだけで身体の要所をサポートして、コンディションの調整ができる。さらには筋力も改善され仕事や日常生活が快適で楽になる。

単に、ちょっと調子がいい、というレベルではありません。生活の質が大幅に改善するレベルなわけです。

それらが好転すれば、どれだけ生活が楽になるでしょう。

また、身体のサポートができれば、仕事の幅が広がります。例えば介護職の女性や引っ越し屋の方などは、このシャツを着れば仕事の効率も上がるはずです。

体の悩みが減り、仕事にも役立つ……〈これで、売れないはずがない〉

だから私は、少し大げさかもしれませんが、

〈これで、世界中の困っている人たちを助けられる〉

とさえ思いました。

それぐらい、この**リライブシャツに、絶対的な自信**があったのです。

潜在意識の中にあるパワー

自信というものは、自分の心から生まれるものです。**自分の運命を決めるものは、心が創り出すものだと信じてやってきました。自分にはそうしたパワーがある。潜在意識の中にあるパワーを引き出し、突き進もうと覚悟をしたのです。**言いかえれば人生を豊かにする力のことです。

使命感に燃えた私は、残りの人生すべてを、このリライブシャツに懸けることを決意しました。

当時、私は複数の事業を手掛けていましたが、貸しビル業以外は全て清算。「夢のパワースーツ」ともいえるリライブシャツを広めることに、専念したのです。

２０１８年には特許を取得、２０１９年には製品化に成功します。第三者機関による測定データでエビデンスも認められ、いよいよ販売を開始しました。

シャツに続いてパンツやパジャマ、キャップやアイマスクなども開発し、商品の種類も増えてきています。

そして、事業立ち上げから約7年経った今年——。

リライブシャツは、開発当初の目論見通り、年商100億円が予測できるまでに売れていったのです。

ちなみに、2024年7月の売り上げが約11億円。したがって、年商に換算すると、100億の大台を突破するわけです。

これは、商品の良さもさることながら、CM効果も大きいです。

忖度なしの「リアルガチなタレントで通っている」(CMメイキング動画でのご発言)出川哲朗さんが、シャツの効用を明るく楽しくアピール。そのリアルガチな反応は、大反響を呼びました。

CMがスタートした今年春以降、売り上げはさらに加速して、商品に売り切れが出ているほどです(ご迷惑をおかけして申し訳ありません)。

もちろん、商品を買ってくださった、お客様方の口コミも大きいです。

着ただけで肩や腰のコリ・ハリの改善、筋力のアップや疲労も回復をサポートしてくれる——にわかに信じ難い話かもしれません。

しかし、実際に着てみて「コレ、ヤバイよ！」という人の話を聞けば、また違います。「自分も着てみよう」と思う人が出てきます。

半信半疑で試しに買ってみたところ、実際に効果がある。肩コリがだいぶ改善された。同じ肩コリ持ちの友人にも勧めてみよう……こういう方々の口コミほど、説得力を持つものはありません。

通販のサイトでも、たくさんのお客様方が、好意的なレビューを書いてくださりました。もう、感謝の気持ちでいっぱいです。

自分を信じて

年商１００億円。

経営者にとって、一つの指標であり、目標でもある数字です。

「１００億円企業」という言葉もあります。それに近づいてきたのです。

ところで、私ども「株式会社りらいぶ」の本社は、東京ではありません。横浜でも大阪でもありません。

宮城県の仙台にあります。

そんな地方の小さな会社が、なぜ、年商100億円の壁を越えようとしているのか？

しかも、私がリライブシャツを開発したのは、還暦まぢかです。遅咲きといえば遅咲きです。おまけに私は、普通のオジサンです。難関大学を出て大企業に勤めたわけでもない。MBAを持っているわけでもない。六本木ヒルズあたりに本社を構える、颯爽とした若手起業家でも何でもない。よくいる普通のオジサンです。

そんな私が、**なぜ、100億円企業への切符をつかむことができたのか？**

そこに運が介在しました。

実は、契機となる出来事があったのです。

ある運命的な出会いがあり、そこから100億円の道がスタートしたのです。

一期一会。まず、そのお話をしたいと思います。

話は2020年にさかのぼります。

すでに、リライブシャツを販売していたのですが、「全く」といっていいほど売れていませんでした。

家に帰ってきても考え込む私に妻は心配でたまらなかったようです。

年商は、わずかに７００万程度。低空飛行でくすぶっていたのです。

なにせ、リライブシャツとは、これまでにない商品です。常識を覆す商品です。

今まで誰も見たことのない商品です。

「魔法のジュウタンを開発したんですけど……買ってくれませんか?」

と売り込んでも、誰が買うのか、という話です。

「身体をサポートできる」

「力仕事が楽になる」

などと宣伝しても、**ほとんど誰も、見向きもしてくれなかった**のです。

〈いつか、必ず売れる――苦しんでいる人に勧めたい〉

そういう自信はありました。こんな素晴らしい製品なのだから、売れないはずがない、
と思ってはいました。

でも、実際問題、ろくに売れません。

買ってくださって、シャツの効果を体感した方も、それを周囲に話したりはしない。

「着るだけで体感?　そんなもんあるわけないじゃないか」

と言われるのがオチだから、誰にも話さないわけです。

販売開始から1年ぐらいは、頭の中が、

〈どうやったら売れるのだろう？〉

〈どうやったらこのシャツの凄さが広まるのだろう〉

ということでいっぱいでした。夢も、寝ている時ですら仕事の夢ばかり見るのです。

一度、介護施設で営業をしたことがあります。

リライブシャツの主要なターゲットの一つが、介護職。重労働の職場ゆえ、「夢のパワースーツ」は強力なパートナーになるはずです。

そもそも、私がリライブシャツを発案した当初から、「介護」が頭にありました。介護職に従事していた妹が、重労働で離職したことがあったからです。

シャツを開発中、試行錯誤を重ねている時も、

〈このシャツが完成すれば、介護の仕事は相当、楽になるだろう。妹のように、離職を余儀なくされる人も減るはずだ〉

と、常に考えていました。

ですから、私は期待をしながら、介護施設でリライブシャツを紹介したわけです。

ところが、全然売れない。

信用してもらえないのです。

実際に体感しても、やれ暗示だ何だといって、シャツの効果を認めてもらえない。

〈介護施設でもダメか……〉

こういうことが続くと、さすがに自信満々だった私も、ネガティブ思考に陥ります。

〈もしかしたら、みんな言うほどラクになりたいんじゃないんじゃないか〉

〈仕事や、介護が楽になったりするのが嬉しくないんじゃないか〉

絶対の自信とは裏腹の、厳しい現実。

〈しっかりエビデンスを取らなきゃ〉

〈シャツだけでなく、パンツも作ってみよう〉

〈誰か有力な人に使ってもらったらどうだろう〉

色んな考えが浮かんではくるものの、エビデンスや論文の取り方もよくわからないうえ、
有名人とのコネも無い。

しかも、自己資金の範囲内で回していたので、大がかりな営業もできない。

将棋にたとえれば、歩がチビチビ進んでは取られ、また打ち直して進んでは取られる……そんなことの繰り返しのようでした。

それでも**自分を信じて自信だけは失いませんでしたが、かなり辛い時期だった**のは確かです。

令和の虎の主宰者岩井良明さん

そんな時、ある友人から声をかけられました。2020年12月のことです。

「ちょっと、セミナーをやるんだけど、来てみない？」

その人には世話になっていたので、二つ返事でOKしました。

すると、

「5万円と5千円の席があるから、5万円のほうに来てよ」

などと言うのです。

〈えっ、5万？　ずいぶん高いな……〉

と思ったのですが、その友人には人を紹介してもらったこともあるので、やむを得ず購入。ちょっと損した気分も抱きつつ、セミナーに参加したのです。

そして当日、私は5万円の特別席（？）に座りました。VIP気分を味わえた……わけではありません。実はその日、私は〝勝負〟をかけようとしていたのです。

〈5万円の席なら、社会的に信用のある方も来るに違いない。そういう人たちに、売り込みをかけてみよう〉

と考え、リライブシャツを何着か持参。これはという方が見つかれば、その方に試着してもらい、効果を実感していただこうと目論んでいたのです。

そんな決意を秘めながら、セミナーへ参加した私。ふと左右に顔を向けると、どこかで見たような顔がいるではないですか。

〈あれ、もしや……〉

オールバックにヒゲ眼鏡の、妙に存在感のあるオヤジさん。私はその顔に、見覚えがありました。

〈間違いない、岩井さんだ！〉

岩井良明さん。かつて、テレビの人気番組「マネーの虎」に出ていた、やり手の経営者

です。

志願者が、虎と呼ばれる経営者たちを前に、ビジネスプランを提示する。虎たちは、それに納得したら金を出す……このマネーの虎において、岩井さんは虎を務めていました。喜怒哀楽が激しくて、強さも弱さもある虎。率直で、不器用で、常に真剣勝負をしている虎。

私はそんな岩井さんが大好きで、講演を聴きに行ったこともありました。中身は忘れてしまいましたが、岩井さんが壇上から、

「お前、なんで寝てんだよ！　寝てたらわかんないだろ！」

と、寝ていた参加者を怒鳴ったことだけ覚えています。


とにかく、昔から岩井さんの大ファンだった私は、ある決心をしました。

〈よし、まず岩井さんに、リライブシャツを試してもらおう〉

何しろ**岩井良明といえば、一流の経営者にしてマネーの虎の顔。影響力も発信力もある。そういう人が愛用してくれれば、シャツの信用は一気にあがります。**

休憩時間が来るや、私は岩井さんのもとへ行き、まず挨拶をしました。

ここから先は、岩井さんのご著書『猛虎を束ねる主宰論』（青志社）にもある通りです。

私は岩井さんに、

「ちょっと申し訳ないのですが、このシャツを着ていただけませんか？」

とお願いして、体感ワークやりました。体感ワークとは、シャツの効果を実感してもらうための動作です。組んだ両手に体重をかけたり、両腕を後ろに向けて広げたり、前屈したりするのです。（エビデンス https://relive.site/）

岩井さんは、かなり体が硬いらしい。

しかし、リライブシャツを着たところ、普段はつかない手の平が、地面にペターっとついて体感され、とても驚いていました。

「これ……いったいどういうことなんですか？」

驚く岩井さんに、私はシャツの仕組みを簡単に説明しました。

興味を持ってくださったらしい岩井さん。やはり経営者だけあって、ビジネス面を聞いてきます。

「このシャツ、売れてるんですか？」

「いえ……全然売れてません。なかなか信用されないんですよ……」

すると、岩井さんは、思いもかけない提案をしてくれたのです。

「佐々木さん！　これ僕がやってる『令和の虎』に出しなよ。これ『令和の虎』に出たら、ワンチャン跳ねるかもしれないから出ましょうよ！」

「えっ、令和の虎……？」

実は私、YouTubeの人気番組「令和の虎」を、その時まで知らなかったのです。

聞けば、マネーの虎のYouTube版のような番組で、岩井さんはその主宰をしているとのこと。番組登録者数も、何十万人といるらしい。

「え……いいんですか？」

まさか、そんな人気番組に出られるとは思ってもみませんでしたから、私はつい確認しました。

「もちろんです！　やりましょう！」

ここが、**岩井さんの凄いところです。面倒見がよいと言いますか、人を押し上げてくれるところがある。「自分だけ」の人ではなく、周りのため、他人のために汗を流せる人なのです。**

普通なら、いくらシャツを気に入ってくれても、そこまでやってくれません。私自身、岩井さんが宣伝してくれることを期待して、売り込んではみました。でも、よもや、自分の番組に呼んでくれるとは。

書いてきた通り、それまでリライブシャツは、眉唾物だと見られてきました。実際に着てみて、改善を体感した人でさえ、なかなか信用してくれない。そういう状態が続いていました。

品質への絶対的な自信と、半ば無視に近い世間の評価。そのギャップに苦しんでいたのです。

ですから、岩井さんの提案を受けた私は、

〈そこまで親身になってくれるとは……〉

と感謝すると同時に、

〈いよいよ、絶好のチャンスがめぐってきた！〉

と奮い立ちました。

リライブシャツを開発してから約３年。

千載一遇の機会がやってきたのです。

セミナー終了後、家に帰った私は、早速、令和の虎を見てみました。

面白い。マネーの虎と同様に、予測不可能な展開です。

岩井さんの仕切りも堂に入っていて、話が聞き取りやすい。

虎たちも、みな華があり、見映《みば》えがする。

視聴者としてはそう思いました。

しかし、今の私は単なる視聴者ではありません。

近々、志願者として、この人気番組に出る身なのです。

そういう志願者の視点で番組を見ると、楽しんでばかりもいられなくなりました。

〈これ……結構厳しい番組だぞ……〉

どうやら完全ガチのようで、虎たちは志願者に遠慮が無い。岩井さん自身、怒ったり、説教したりする場面が結構ある。これではいくら商品が良くても、プレゼンテーションが上手でないと、成功しない。

〈相当、プレゼンを練習しないと、上手くいかないだろう〉

私は気を引き締めました。

リライブシャツを持って完全ガチの番組へ

令和の虎。

思った以上にシビアな番組のようでしたが、これに懸けるしかありません。

難関をくぐり抜ければ、それだけ評価もされます。あの猛虎たちに認められれば、リライブシャツの信用性は確実に高まります。

それに、他に頼むところも行くところも無い。

そして何より——。

岩井さんとの邂逅《かいこう》。私は、これを運命的なものだと感じました。

マネーの虎を見て以来、大ファンだった岩井さん。

その岩井さんと出会い、リライブシャツを売り込んだ。そうしたら、興味を持ってくれて、自分の番組にまで呼んでくれることになった。

……私はこの流れを、とても偶然とは思えなかったのです。

そして、**この岩井さんとの縁を、大切にしたい**と思いました。

そのためには、立派なプレゼンをして、虎たちを唸らせなきゃいけない。カメラの向こうにいる視聴者も、唸らせなきゃいけない。

そうすることが、私を呼んでくれた岩井さんへの恩返しになる。自分自身のためにもなる。ひいては、リライブシャツが認められることになる。

そう思った私は、仲間たちと共に、「令和の虎対策」をスタートしました。

番組のシミュレーションを、何度も何度も重ねたのです。

「それじゃ全然ダメ」

「まだダメ」

令和の虎のシミュレーションを始めた私。

しかし、元来あまり器用なほうではありません。最初は「ダメだし」ばかりでした。

それでも練習を繰り返すうち、徐々にプレゼンが安定してきました。

時あたかも、2020年の年末です。令和の虎の収録は、年明けの1月8日。

なので、その日が来るまでに、可能な限りプレゼン能力を高めようと努力しました。

ビジネスプラン、すなわちリライブシャツという商品には、絶対の自信がありました。でも、プレゼンには自信がない。良くなってはいたけれど、まだ十分ではない。ですから、収録前日ギリギリまで、練習を重ねるつもりでした。

ところが、確か12月の27日あたりに、前歯が取れてしまったのです。

思わぬアクシデントの到来に、私はちょっと焦りました。歯が抜けた状態で収録に行ったら、様々な意味で不利です。

見た目も冴えなくなりますし、私自身のモチベーションも下がってしまう。プレゼン中、痛みが生じるかもしれません。

そんな状態でプレゼンをしたら、最悪、リライブシャツの素晴らしさが伝わらなくなります。

私は必死で歯医者さんに連絡しました。しかし、年末なので、休診ばかりです。年明け何日も経たないと、治療できないというのです。

すると、30件目ぐらいで、私は「当たり」を引きました。

「ウチは歯科技工士を抱えているから、仮の歯を入れられますよ」

と言ってくださる歯医者さんがいたのです。

おかげで私は歯を整えることができ、万全の状態で、令和の虎に臨むことができました。

今でもたまに、考えます。

〈もしもあの時、あの歯医者さんがいなかったら、今頃どうなっていただろう？〉と。

とにかく色んなことを気にして、様々なことを考えながら、私は収録の日を迎えたのです。

運命の日を迎えて

忘れもしません、**２０２１年１月８日。**

今でも記憶しています。その日付を。

当時、令和の虎は、直前インタビューというのがあり、岩井さんと面談しました。

彼はカメラに向かって言いました。

「このシャツ、すごいっすよ！」

岩井さんがそう言ってくれた時、私は初めて知りました。チャンスを与えてくれた人の本心を。

〈ああ、そういうふうに思ってくれていたんだ……〉

セミナーの日、岩井さんには体感ワークをお願いしました。前屈などを試し、シャツの効果を体感していただいたわけです。

でも、岩井さんがリライブシャツを信用してくれたかどうかは、まだわかりませんでした。これまでも、色んな人に着てもらい、効果を体感していただいたのですが、信用してくださった人は一部です。

実際に体が柔らかくなっても、

「プラシーボ効果（暗示などで症状が改善する）だろ」

「たまたまじゃないか」

などと言って、シャツの効果に否定的な人が多かった。

ですから、岩井さんが興味を持ってくれたといっても、

〈リライブシャツに関心を抱いてくれたのはありがたい。でも、効果を信じてくれているだろうか〉

と心配していました。

しかし、岩井さんは、信じてくれたのです。

私が人生を懸けて開発した、リライブシャツの効果を。威力を。

その日、私は猛烈なプレッシャーを感じていましたが、岩井さんの言葉を聞き、アドレナリンが出てきました。

〈よし！〉

プレッシャーとアドレナリン。

闘志と緊張。

自信と不安。

それらが入り乱れ、絡み合った複雑な気分で、私は令和の虎に出陣しました。

還暦を前に、一世一代の勝負に挑んだのです。


令和の虎では、まず希望金額と、「思い描く未来の姿」を伝えます。

「このビジネスプランに、これだけの金額を出してほしい」——と伝えたうえで、5人の虎に向かってプレゼンをするわけです。続いて質疑応答をする。

それが終了すると、5人の虎たちが、お金を出すかどうかを判断します。5人の出資総額が、希望額を上回れば「オール」となり、お金をもらえます。希望額に達しなければ

「ナッシング」となり、お金はもらえません。

私の希望金額は、500万円です。融資、投資、社内ベンチャーという3つの形態があったのですが、「投資」にしました。

思い描く未来の姿は、「リライブシャツで介護士の負担を減らしたい」。

練習を重ねた甲斐あって、プレゼンテーションも、質疑応答も、一応は上手くいきました。

「一応は」というのは、実は、大きな失敗をしたからです。

後で動画を見た時に気づいたのですが、自己紹介の話が長すぎるのです。普通なら、岩井さんに「長いよ」と言われて強制終了するパターンです。

けれども、私は止められませんでした。長話をしたのに、なぜ、止められなかったか。

YouTube のコメント欄にもそういう意見が載っていましたが、私の「話し方」のためだったと思います。

実は、私は人との話し方を学んでいて、教えることもしているのです。

ゆっくりしゃべるとか、間合いを取るとか、基本的なことも教えますけれど、それ以上に重視しているのは、アイコンタクトの取り方です。

アイコンタクト一つで、相手と自分とを一体化したり、信頼感を生んだりもできるのです。

よく講演で、「魂の講演」というのがあるでしょう。上手な講演というよりも、心の奥底からしゃべっているような講演です。ああいうのは、頭で話しているのではなく、魂で話しているのです。

魂で話せば、聴く側も、耳や頭ではなく、魂で受け止める。その結果、「魂の講演」となるわけです。

アイコンタクトも同様です。

目で、アイコンタクトを取ることで、

「私とあなたは一体化しています」

「私は心を開いて、あなたに全てのことを伝えています」

ということを、無意識のうちに伝達できるのです。

また、私たち人間は、実は潜在意識のほうが強い。ですから、潜在意識に働きかけたほうが、信頼度は増します。

令和の虎でのプレゼンにおいて、私はそれを心掛けました。アイコンタクトを使い、言葉に魂を込め、虎のみなさんの潜在意識に訴えかけたのです。

そうした私の「話し方」のために、主宰の岩井さんも、虎のみなさんも、私の長すぎる自己紹介を止めなかったのだと思います。

虎の林尚弘さん、桑田龍征さんたちが、「引き込まれる話」とおっしゃってくださったのも、私がアイコンタクトを駆使し、かつ、魂を込めて話したからでしょう。

「話し方」とは奥深いもの。「口」ばかりではなく、「目」も「魂（心）」も使ってこそ、相手を説得できるのです。

SNSの威力をまざまざと見せつけられた

話を令和の虎に戻します。

プレゼンの後、虎のみなさんに体感ワークをしていただきました。いつもの前屈などです。

みなさん、リライブシャツの効果を実感してくださり、しかもその驚きを、目一杯、表現してくれました。

効果を実感してくださる。これはいつものことです。それまでも、シャツを試した方ほぼ全員に、その威力を実感していただいていました。

でも、そこで終わりだったのです。

「なるほど、効果ありますね」とは言われても、それ以上は広がらない。その場限りで終わっていました。

しかし、虎のみなさんたちは違いました。その豊かな表現力で、リライブシャツの魅力を、大いにアピールしてくださったのです。

「忖度なしの厳しい虎たちが、あれほど絶賛するなら本物なのだろう」――こう思った視聴者の方が、どれだけいたか。その宣伝効果は計り知れません。

主宰の岩井さんもまた、

「夜、トイレに起きなくなった。心地よく眠れる」

「妻も腰が快適になった」

とシャツの効果をアピールしてくれました。

辛口で鳴る5人の猛虎と岩井さんが、そろって声を上げて絶賛してくださり、結果は虎全員が全額を出すという「完全オール」。番組史上はじめてのことでした。

まさに、最高の結果です。

番組が終わってから、確か夕方5時過ぎぐらいでしたが、安いホテルに戻るや否や、どっと疲れが出てきました。

年齢的な疲労も、仙台からの移動疲れもあったでしょう。

しかし、それら以上に、重圧による疲れと、全てを出し切ったことによる疲れとが、大きかったと思います。

肉体と、脳と、神経とが、満遍なく疲れ果て、ぐったりしてしまった私は、ガバッとベッドに横たわりました。頭の中は真っ白。ただ、休みたいだけでした。

私は初戦を飾ることができました。

令和の虎に出演し、最高の結果を残すことができたのです。

でも、これで終わりではないわけです。あくまで「初戦」です。チャーチルの名言「終わりの始まり」をもじっていえば、「始まりの始まり」だったのです。

なぜかというと、**放映は翌月、2021年2月です。つまり、まだ視聴者の方々の反応が、わからなかった**わけです。

それに私は、リライブシャツが「100億円産業」になると確信していました。「リライブシャツの力で、世界中の困っている人たちを助けたい」とも思っていました。ですから、1度や2度の成功で、浮かれもしないし、満足もしません。令和の虎に出られたことで、ようやくスタート地点に着いた、という思いです。

この素晴らしい商品が、やっと、世に出るかもしれない。

「いつか必ず売れる」と120%信じていましたが、その「いつか」がやってきそうな雰囲気なのです。

実は放映前、岩井さんと私で、リライブシャツが何枚ぐらい売れるか話したことがあります。

「僕はだいたい、550枚ぐらいは売れると思いますね。佐々木さんはどう思います？」

「いや……僕はもうちょっと売れると思いますけどね」

「どのぐらいですか？」

「６００枚ぐらいはいくんじゃないですかね」

「いや、そんなには売れないですよ！」

　岩井さんの予想は５５０枚、私は６００枚。たった50枚の差なのに、なんで怒られたのかは未だにわかりませんが、とにかく私ども２人は、５、６００枚は売れると予想していたのです。


２０２１年２月５日。審判の日が来ました。

私が出演した「リライブシャツで介護士の負担を減らしたい！」の動画がアップされたのです。

令和の虎、１１７人目の志願者です。

私は、リライブシャツの在庫を、「１５００着」用意していました。いつか絶対売れる、と信じていたので、多めにそろえていたのです。

放映は、夜の７時でした。私は家内と事務員と共に、会社の事務所で番組を見ていました。

番組が終わる前ぐらいから、メールがパタパタ届き出したのです。

〈……！〉

来たのです、注文が。

私が精魂込めて開発した、リライブシャツの注文が。

次から次へと、ひっきりなしに。

〈や……やった！〉

開発から3年、夜が明けた。

ついに認められた、わがリライブシャツが。

もう嬉しくて嬉しくて、天にも昇る気持ちです。

ところが――喜びは束の間でした。

番組が終わると、パソコンがパンクしそうなほど、注文メールが殺到。もはや、雪崩現象です。

メールのチェックにてんてこまいとなり、嬉しさはどこかへ消えてしまったのです。

結局、**わずか1時間半で、在庫の1500枚が完売しました。**

岩井さんや私の予想を、大きく覆すほど売れたのです。

私はすぐに岩井さんに電話して、在庫が無くなったことを報告しました。

そうしたら、岩井さんは「予約販売しましょうよ」と提案してきました。実は、私のほうでも、万一の場合に備えて「予約販売」のカートをつくっていました。

そこで、予約販売をとったところ、**なんと1週間で約6000枚も予約が来た**のです。

リライブシャツの工程は、10枚ほどなら2、3日程度で完成します。しかし、工場もスケジュールで動くわけですから、急に6000枚も注文しても、すぐにはつくれない。

1500枚は用意していた私も、まさか6000枚もの注文が来るとは思っていません。ですから、工場のスケジュールを押さえていなかったのです。

工場に連絡して事情を話すと、「うちはやってもせいぜい2、3000枚ぐらいしかできないですよ」と言われてしまい、焦った私は他にも工場を探しました。

そして、やっと二か月かけて、予約の6000枚を製造することができたのです。

「令和の虎に出て、リライブシャツが一気に売れた時、どんな気持ちでしたか?」

こう聞かれることがありますが、**「嬉しい」は一瞬でした。後はずっと「どうしよう」「早くシャツをつくらないと」とパニックです。**

目の前の山を越えることに精一杯で、感慨に浸る暇などありませんでした。

令和の虎に出たことで、リライブシャツはSNSでも広がりました。買ってくださったお客様たちが、YouTubeやツイッターで「本物だ」と投稿してくれたのです。

〈どうやったら、リライブシャツの凄さが広まるんだろう?〉と悩んでいた私は、SNSの威力を、まざまざと見せつけられた思いでした。

一気に表舞台へ登場

私は事業家として、一人一人のお客様こそ大切だ、と考えています。ですからYouTubeなどのコメントは、全て返事をしました。おそらく5000件以上です。大変といえば大変でしたが、何の反響も無かった頃を思えば、嬉しい悲鳴です。リライブシャツに興味が無ければ、わざわざコメントなどしないわけですから。

その一方、有名になるとアンチが増えるのも世の常。シャツの効果に懐疑的なコメントも、ちらほら出てきたのです。私はそういう方々にも、正面からきちんと対応しました。シャツを怪しいと見ている方々も、筋金入りのアンチ、というわけではない。これまでに無い商品なので、違和感を抱いただけなのです。ある意味、当然のことです。

ですから私は、シャツの効果を疑っている方々に対しても、逐一、返事をしました。私はリライブシャツの開発者であり、社長です。その私が無視するような態度をとれば、リライブシャツへの誤解や疑問は、いつまでも残ってしまいます。

ビジネスをしていると、誤解されることもありますし、商品の価値を疑われることもあります。そういう場合は正面から、それも早いうちに、対応することです。

放置しておくと、話が膨らんでしまったり、誤解が誤解を生んだりする。そうなると、火消しが大変になりますし、手遅れになることもあります。小細工せずに正面から話せば、たいていの人はわかってくれます。

令和の虎をきっかけに、リライブシャツは一気に表舞台へ登場しました。

「いつの日か、１００億円産業になる」と信じていた私も、予測していなかった展開です。

佐々木貴史は、令和の虎ドリームを体現した男――。

こんな、身に余る評価をしてくださる方もいます。ありがたいことです。

令和の虎主宰・岩井良明さんとの邂逅。

それが無ければ、今の私はありませんでした。

もとよりビジネスは、人と人との出会いやつながりが、大変重要です。

いくら商品が良くても、「人」の力が無ければ、なかなか前に進まないのです。

わがリライブシャツも、あのセミナーの場で岩井さんと出会っていなければ、未だにくすぶっていたかもしれません。

本当に、岩井さんは恩人です。

さて、リライブシャツが安定して売れ始めた頃、その恩人から連絡が来ました。

「ちょっと、お話があるんですが、今度こちらへ来ていただけませんか」

話の様子から察すれば、何か私に要望か何かがありそうな雰囲気です。

私は古い人間ですので、恩や礼儀、義理人情を大切にするほうです。ですから、恩人である岩井さんに何か頼まれたら、何でもＯＫするつもりでした。

岩井さんにお会いすると、何とも意外なお話。

「佐々木さん、どうですか、今度、虎になってみませんか」

虎。「令和の虎」の虎です。つまり、お金を出す側。ついこの間、志願者として出演し、お金を出してもらう側にいた私。それが今度は、出す側になるとは。

びっくりでしたが、恩人・岩井さんのお話です。聞く前から、何でもＯＫしようと決めていたので、その場で承諾しました。

とはいえ、私は他の虎の方々のように、面白い話ができるわけではありません。「本当に自分でいいのか？」と、自問自答してきました。ただ最近、慣れてきたせいか、虎としての自分の特色みたいなものをつかめつつあります。近頃、仕事が忙しいのであまり出ていませんでしたが、また少しずつ出たいと思っています。

ところで、私は志願者としても虎としても、令和の虎に出演しています。両方の立場を経験したのは、他にほとんどいません。

その〝稀有な存在〟として言いますと、虎の立場もまた、かなり大変です。

というのも、虎は準備の時間が無いうえに、即断を求められるのです。

志願者の企画書をパッと渡されて、直後に志願者が入ってくる。で、一時間ぐらい話を聞いて、その場で出資するかしないかを決めるわけです。


普通、どこかと取引する時は、帝国データバンクに問い合わせるとか、信用調査をするものです。相手の状況をほぼ知らずに取引することなど、まずありません。

しかし令和の虎では、裏付けのとれない志願者の話と、その応対と、わずかな企画書だけで、判断しなければならないのです。

そのうえ、担保もありません。無謀といえば、無謀なことをやっているわけです。

私ができる準備といえば、「今日、自分はどんなキャラクターをつくって、どういう形でいこうか」ということだけ。つまりビジネス面ではなく、視聴者に向けてのキャラづくりの面だけです。

おまけに完全ガチですから、何が起こるか予測不能です。

見るのはとても楽しいですが、出るのはどの立場にあっても大変。

それが、令和の虎だと思います。

さらに述べますと、令和の虎には二つの側面があります。

一つは娯楽の面。もう一つはビジネスのインキュベーターとしての面です。インキュベーターとは、起業を支援し、育てていくということ。令和の虎のコンセプトだと思います。

私はこのインキュベーターの部分で、岩井さんに多少の恩返しはできたと考えています。

昨年12月、令和の虎の登録者数１００万人突破を記念して、パーティーが開かれました。YouTubeにも、その様子がアップされています。

その中で、**２０２３年における「虎の子長者番付」が発表**されました。志願者たちがいくら稼いだか、というランキングです。

1位になったのは、不肖・佐々木貴史。年商50億円です。

これはその年の予測売上でしたが、実際には77億円になりました。

2位の方は5億円ですから、桁が一つ違います。

このリライブシャツの成功は、私の実績だけにとどまりません。起業をサポートするという、インキュベーターとしての令和の虎の実績でもあるわけです。

つまり、リライブシャツが売れれば売れるほど、令和の虎のインキュベーターとしての実力を、証明することになる。理想的なウィンウィンの関係です。その点で、私は令和の虎という番組に、ささやかな貢献ができたと考えています。今後も業績を伸ばし、令和の虎の実績をも伸ばしたいと思います。

令和の虎効果もあってでしょうか、人気Youtube NO GOOD TVで元ジャニーズの赤西仁さん、俳優の山田孝之さんらが番組でリライブシャツを特集していただき、その効果も大でした。

何はともあれ――。

リライブシャツは、令和の虎の力によって、世に出ることができました。人生を懸けて作り上げた商品が、世間の皆様に認められる。多くの方々の人生を変える。事業家として、一人の人間として、こんな嬉しいことはありません。

リライブシャツの開発から約7年。

年商が100億円を突破しようとしているいま、カナダやフィンランドからも話が来ており、いよいよ世界へ進出する予定です。

腰肩の悩み、介護などの力仕事の苦労……これらは世界共通のこと。

世界中の人たちを、わがリライブシャツによって助けたい。救いたい。

最終的には日本で2000億円、海外で2000億円分のシャツを売りたい。

いま私は、そんな大きな志と、使命感とに燃えています。

しかし――。

世界が舞台となっても、令和の虎に出演したことは忘れません。

あの人気番組に出たからこそ、この素晴らしいリライブシャツは認知され、世界へ羽ばたくまでになったのです。

まさに、一期一会。この言葉を実感いたしました。

今後、どんな展開が待ち受けているのか、予想はつきません。

でも、**何が起ころうと、浮かれず、焦らず、**令和の虎に出演した日のことは忘れないようにしよう――**そのように、肝に銘じています。**

第2章 発想力を養う

今つらい思いをしている人が
いるかもしれません。
でも大丈夫です。
必ずターニングポイントがやってきます。

子供心に芽生えた渇望と嘆き

……わが社は宮城県仙台泉区の、長命ケ丘というところにあります。人口は７０００人程度の地域で、いわゆる都市ではありません。見渡せば自然が美しい山もありますし、丘もあります。

東京まで出るには、３時間以上かかります。

リライブシャツは、こんな小さな町で誕生したのです。

私は１９６１年（昭和36）福島県の郡山市で生まれました。

父は国鉄の職員です。仕事の関係で、福島から埼玉へ引っ越し、さらに宮城県の仙台へと移住しました。その後、上京した時期もありますが、基本的には宮城県を拠点にしています。

ところで、今あっさり「国鉄」と書きましたけれど、若い読者の方には、もしかしたら通じないかもしれません。念のため、補足しておきますと、今の「JR」のことです。民営化される前、昭和の頃は国鉄と呼んでいたのです。

私が幼いころの日本は、高度経済成長時代の真っただ中です。

1964年、私が3歳の頃には東京オリンピックが開催。そのあたりからモータリゼーションが進行し、車社会が始まります。国民の生活レベルも向上し、カラーテレビなども普及していきました。

右肩上がりで成長していく日本。しかしわが家は、高度成長とは無縁の家庭だったのです。

国鉄マンは、元来安定した身分です。普通に勤めていれば、定年まで安泰です。けれども、父は定年を待たずに国鉄を辞めてしまいます。自ら起業する道を選んだのです。それが、苦労の始まりでした。

起業。私もその道を選んだ一人ですが、会社を経営することは、簡単なことではありません。

令和の虎の岩井さんが、**「会社を始めることは地獄の一丁目へ来ること」**とおっしゃっていますが、まさにその通りです。

脱サラだ、一本立ちだと言いますが、失敗するのが当たり前の世界なのです。

父もまた、「成功」とは言えませんでした。教材の販売を始めたのですが、なかなかうまくいきません。国鉄時代は人並みだったわが家の暮らしは、急に傾いていったのです。

その頃、私たち一家は仙台に住んでいましたが、東北ですから雪が降ることはしょっちゅうです。でも、わが家は灯油が買えないのです。

では、どうしたか？　特別なことはありません。ただ、気合で乗り切るのです。つまり厚着して、我慢するだけ。当時は、そういう家が他にも結構あったと思います。

食事も質素です。玄米に、ごま塩をかけて食べる。そんな日がよくありました。

母は元来、料理が得意な人です。安い素材を工夫して、手の込んだ食事をつくってくれることもありました。でも、白米や肉などは、食卓にあまり並びませんでした。

こういう環境でしたので、私は習い事をしたことがないのです。塾に通ったこともないですし、家庭教師を雇ったこともちろんない。

しかも**私は生まれつき、虚弱体質だった**のです。

すぐに発熱して、寝込んでばかりの毎日。その頃の子供は、みんな外で遊んでいましたが、私は逆。あまり外に出ない、というか出られない子でした。おまけに喘息持ち。ちょっと動いたり、せき込んだり笑ったりするだけで、酷い喘息を発症する。そうなると、もうゼーゼーいって苦しくなるのです。

こんな調子だったので、**学校に上がってからも、体育は見学ばかり**でした。

厄介なことに、虚弱体質とは、病気というわけではないのです。単に、身体が弱いだけなのです。ですから、体調が悪くて病院に行っても、病気とは診断されません。そのため周りからは、私がただサボっているかのように誤解されたこともあります。子供心につらい経験でした。

四歳年下の妹も、私と同様、体の弱い子でした。兄として、妹を助けてあげたい場面もあったのですが、そんな時に限って私も具合が悪いわけです。

〈お兄ちゃんなのに、何もしてやれない……〉

妹を、不憫に思っていました。

子供心に芽生えた、健康への渇望。誰の役にも立てていない、という嘆き。

私はこの二つの思いを骨の髄まで刻み込み、生きていくことになったのです。

とはいえ、私の少年時代が、真っ暗だったわけではありません。習い事もせず、家に独りで居る環境のせいか、私は独学で何かを究めたがる性格になりました。

独りで何かを究《きわ》めたがる性格だった

高校1年生の時には、ひたすら本で研究し、将棋のアマチュア三段を取得。文化祭の時には、3人同時に相手をして、全勝したこともあります。

この**「独りで何かを究めたがる性格」は、その後の私の人生にとって、大いにプラスになった**と思います。リライブシャツを開発できたのも、この凝り性の性格のおかげです。

また、幼い頃につらい思いをしたことで、精神的に鍛えられた面もあります。

会社の経営は、楽しいことばかりではありません。不安、不満、誤解、理不尽……嫌なこと、納得できないことも多々あります。

私はそうしたことに、比較的、耐性がある方です。何と言いますか、**あまり物事に動じないでいられます。**

これは子供の頃の経験が、多分に影響していると思います。

私の出生地、福島県の英雄といえば、野口英世です。野口英世は幼少期に火傷をしたことが原因で、片手が不自由でした。

しかし、手術したことがきっかけで、医学に興味を持ち、世界的研究者となるわけです。もしかしたら不適切な仮定かもしれませんが、野口英世の手が不自由でなかったら、1000円札は別人となっていたかもしれないのです。

あの田中角栄さんも、幼い頃に吃音を治すため、法律書を大声で読んでいたそうです。おかげで法律に慣れた角さんは、のちに政治家となってから、たくさんの法案をつくれたとのこと。

偉人や今太閤を引き合いに出すのはおこがましいですが、世の中、そう捨てたものではないということです。

どんなにつらいことがあっても、それが何かの糧になる。そしていつの日か、人生に良い影響を与えてくれるのです。

さて、**高校を卒業した私は、父の教材販売を手伝うことにしました。**といっても、体調がマシな時に手伝うだけで、**基本は療養生活です。**

高校も休みがちでしたので、卒業するのがやっと。そんな状態ですから大学進学どころではなく、就職もままなりませんでした。そこで、療養しながら父のサポートをすることにしたのです。

でも、社会人になって心機一転……というわけではなく、

〈この先、どうやって生きていけばいいんだろう〉

という不安に苛まれる日々でした。

父の事業も順調とはいえなかったので、

〈もし将来、負債か何かをおっかぶせられたらどうしよう〉

と、背筋が寒くなった日もあります。

体調がこれでは50歳まで生きられないかもしれない、でも貯金だけはある程度しておこう……などと考えつつ、たまに働き、少し貯金する。これが、私の新社会人生活だったのです。

そんな生活を続けていた二十歳の頃、私は東京に住む叔母の家へ遊びに行きました。

その時、ただなんとなく、

〈そうだ、秋葉原の電気街へ行ってみよう〉

と思い立ち、世界最大規模の電気街に寄ってみたのです。別に目的があったわけでもなく、興味すらありませんでした。本当に、「ただなんとなく」、秋葉原に行こうと思ったのです。

振り返ってみれば、この、ふとした思い付きが、私の人生の分岐点でした。

何があったかと言いますと、当時はまだ珍しかった、パソコンと出会ったのです。これまた、興味があったわけでもありません。たまたま、ふらりと入ったお店で、中古のパソコンを見つけたのです。

〈…………〉

こういうのを、「運命の出会い」とでも言うのでしょうか。私はパソコンを眺めているうち、「なんとなく」惹かれてきました。

でも、高くてとても手が出ない。

〈……よし！〉

しばらく悩んだ末、私は決断しました。全財産で中古の一番安いパソコンを買いました。

初めて触れたコンピューター。

私はこの不思議な箱に、夢中になりました。

もとより独学が好きな性格です。パソコンは、格好の〝遊び相手〟になったのです。

私は将棋を独りでマスターした時のように、自力でプログラミング能力を身につけました。

当時、私は父の仕事を手伝う身です。お世辞にも、一人前の社会人とは言えません。

しかし、コンピューターを操っているうちに、

〈これなら、自分でもできるかもしれない〉

と思うようになりました。

体力を使うわけでもない、座ってできる仕事。なおかつ実力勝負の世界。

身体が弱く、大した学歴も無い私でも、コンピューターの技術者なら務まる。

そう考えた私は、**古本屋で試験対策の本を買い込み、独学で「情報処理第二種」の資格を取得。合格率15％の難関を、三か月で突破した**のです。

そして、この資格を引っさげて、**東京・池袋のコンピューター会社に、プログラマーとして入社**しました。

時は1984年。私は23歳になっていました。再起動と言いますか、事実上この時が、私の社会人生活のスタートでした。

もがく二十代、夢も、希望も、金もなかった

「家で療養しながら働いていた頃、コンプレックスのようなものを感じませんでしたか?」

こう、聞かれることもあります。同級生は大学に行ったり、就職してバリバリ働いたりしている。それなのに、佐々木は――というわけです。

でも実は、その当時はコンプレックスを感じたことがありませんでした。少なくとも、強く意識することはありませんでした。

いや、引け目が無かったとか、実は自信満々だったとか、そういうポジティブな理由ではありません。

そんなものを抱く余裕すら、無かったということです。

古井戸にはまっている時に、コンプレックスなど持たないでしょう？　ただひたすら、そこから抜け出そうとするでしょう？　そんな感じです。

けれど、抜け出す方法がわからなかった。古井戸の底から見上げると、たまに光が見える。だけど、また消えて真っ暗になる。塀をよじ登ろうとしても、すぐに滑り落ちてしまう……**一番つらかった二十歳の頃**なんかは、そういう毎日でした。

普通、二十歳といえば、人生で最も楽しい頃だと思います。何でも自由にできる。若さもある。健康でもある。何をやっても楽しい時期でしょう。

それなのに**私は、みんなが青春を謳歌している頃、古井戸の底でもがいていた。夢も無く、希望も無く、金も無く、コンプレックスを抱く余裕すら無く。**

そこへ、天から助けのロープが降りてきた。

「コンピューター」との出会いです。

私はこのコンピューターにすがって、地上へ這い出ることができたのです。

もし、コンピューターという名のロープが降りて来なかったら――。

想像もできませんが、ひょっとしたら、飢えと虚弱体質の悪化で、古井戸の底で力尽きていたかもしれません。リライブシャツが誕生することも、おそらく無かったでしょう。山あり谷あり、色んなことがあるのが人生という名のドラマです。誰の人生にも、ドラマがあり、分岐点があるものです。悲しいことが続いたら、次の場面では一転して、楽しいことがある。そういうものです。

読者のみなさんの中にも、**今、つらい思いをしている人がいるかもしれません。でも、大丈夫です。必ずターニングポイントがやってきます。その時に、必死に取り組んで、とにかく這い上がろうとすることです。**そうすれば、必ず道は開けます。

虚弱体質で、独りぼっちで、立派な学歴も無い私でも、古井戸から這い上がることができたのです。読者の方に、できないはずがありません。

１９８４年、コンピューター会社でのサラリーマン生活が、東京で始まりました。社会人生活の、実質的なスタートでもあります。

今と違ってその頃は、パソコンを持っている人は少数でした。「パソコン」という呼び名自体もそれほど普及しておらず、似た言葉で「マイコン」なんていうのもありました。

ただ、当時は、前年に出たファミリーコンピューター（ファミコン）の人気が出始めた頃です。ですからお茶の間に、「コンピューター」が浸透し始めてはいたと思います。月給16万円ぐらいでした。安月給ではありましたが、やりがいはありました。なにしろ事実上、初めての就職です。不安もありましたが、私のやる気も十分でした。虚弱体質の身体をおして、一生懸命働きました。

私が入ったコンピューター企業は、主な顧客が製薬会社です。そのため、プログラム作成の仕事のみならず、医療用語も覚えなければなりません。大変といえば大変でしたが、新鮮でもありました。

サラリーマン生活を断念した理由

それまでは仙台で、療養しながら父の仕事を手伝う生活。そんな自分が、今や大都会の真ん中で、サラリーマンをしている……全てが新鮮で、刺激的でした。

ようやく社会の一員になれた、という安心感のようなものも、芽生えていたものです。

頑張った甲斐あって、やがて私は、ベテラン並みの仕事を任せられるようになりました。

そうなると、自然、仕事の量も増えるわけです。

今もそうだと思いますが、コンピューター関係の仕事というのは、ブラックな職場が多いです。私のいた会社もそうでした。

座ってできる、あまり体力を消耗しない仕事。

外回りなど無く、あまり疲れない仕事。

……と、安易に考えていた私も、その実態を思い知ることになりました。

数日間、会社に泊まりこんだり、椅子の上で寝たり。仕事に慣れ、信頼されるのはよいですが、連日の激務に体が耐えられなくなってきました。

しかも、当時の私は独り身で、きちんとした食事もとれていませんでした。睡眠不足、栄養不足が重なって、極度の倦怠感、疲労感、微熱が続くようになってきたのです。

〈せっかく就職したというのに、このままでは体が壊れてしまう……〉

何か、いい手がないものか。いろいろ考えた末、私は「情報処理第一種」の資格を取ろうと決意しました。

私がすでに持っていた資格は、「第二種」です。第一種となりますと、大卒プラス実務経験３年レベルのプログラマーが受けるという、上級の資格です。高卒で、実務経験もまだ日が浅い私には、不相応の資格といっていい。

しかし、私は独学で「将棋三段」になった男です。この時も必死に自習して、見事、狭き門をくぐることができたのです。

情報処理第一種資格者。コンピューター業界の中では、かなりのステイタスを持つ響きです。

〈一種資格者なら、若造だろうと新参だろうと、荒っぽく使われることはないだろう。ゆとりを持って仕事に取り組めるだろう〉

と、高をくくっていた私。

しかし、それは甘い考えだったのです。

一種資格者となったことで、私の仕事の幅は広がりました。そのことは、会社内での私への依存度を、ますます高める結果となったのです。

一種資格者しかできない仕事もあれば、私にしかわからない仕事もある。誰かに任せることもできず、全て自分でやるしかないわけです。

その昔、プロ野球の権藤博投手が酷使され、「権藤　権藤　雨　権藤」といわれていましたが、当時の私も**「残業　残業　また残業」でした。徹夜作業に午前様になることもしばしば。**

権藤投手は肩を壊してしまいましたが、私もまた限界が来ました。積もりに積もった疲労のせいか、突然、体が動かなくなり、髪の毛まで抜け始めたのです。

〈やっと、一人前のプログラマーになれたのに……〉

入社から２年半後の１９８６年。私は実家のある仙台に、帰らざるを得なくなりました。

ただ、幸いなことに、仕事を失うことはありませんでした。会社から、「仕事は回すから、これまで通りウチの仕事をしてほしい」と言われ、下請けみたいな形で仕事を続けることになったのです。

大都会から一転して、実家の自室が職場となりました。机にはパソコン、横にはベッド。いつ倒れても大丈夫なように、工夫したわけです。

そのような形で仕事をするうち、自分のペースがつかめてきます。体調に配慮して、当初は絞っていた仕事の量も、徐々に増やしていきました。

だが一年もすると、とても独りではこなしきれない仕事量に。ここで無理をしたら、また体調を崩してしまいます。

そこで**私は、思い切って独立することにしました。１９８８年、コンピューターソフトの有限会社を設立**したのです。

社長が私、社員は３名。みんな、近所の若い友人たちです。私自身、まだ27歳でした。

ついこの間まで、虚弱体質に苦しみ引きこもりのような生活だった私。それが、プログラマーとして社会に出て数年、小なりといえど会社の社長になったのです。

人間万事塞翁が馬。意外過ぎる展開ですが、私が独立できたのは、コンピューターのおかげです。

人生は捨てたものではないと言うものの

そう、なんとなく行った秋葉原で、たまたま見つけた中古のパソコン。彼と出会わなかったら、プログラマーになることもなかったし、会社を興すこともちろんなかった。

岩井良明さんとの出会いでリライブシャツに光が当たったことといい、私は「出会い」

に恵まれていると感謝しています。

また、私がコンピューターに習熟できたのは、生来の虚弱体質のため、家にこもって独学する習慣が身についていたからです。

そう考えると、虚弱体質で苦しんだ日々も、多少は糧になったということです。

やはり、**人生は捨てたものではないのです。どんなにつらいことがあっても、いつかそのことが、人生に良い影響を与えてくれる**と思います。

独立はしても、主な仕事は東京の親会社の下請けですから、これまでと中身は変わりません。小さな会社ではありましたけれど、地道に、真面目に、コツコツと、仕事に取り組んでいました。

私が一本立ちした１９８０年代後半は、バブル景気の時代です。日本経済が、ピークにあった時代といってよいでしょう。好景気でしたので、仕事は順調に回っていました。

独立から2年ぐらい経った頃には、事業を拡大させました。パソコンショップと提携し、コンピューターのシステム開発を開始したのです。

親会社からの仕事を守るばかりでなく、「攻め」に手を出す意志も力も、いくらかはあったということです。

個人でパソコンを所有する人は、まだ少数派。でも、会社などではパソコンを導入するところが増えてきた——という時期でした。

つまり成長産業でしたので、将来の見通しは、暗くは無いと思っていたのです。

しかし世の中、そう甘くはありません。

一寸先は闇、とも言います。

不幸ばかりが続かないように、良いことばかりも続かないものです。

１９９０年代に入り、大激震がありました。バブル経済の崩壊です。

しかも、その煽りを受け——。

何と、**親会社が倒産する羽目となった**のです。

親会社の倒産……。

私どものごとき小さな下請け企業にとって、衝撃的な出来事です。死活問題でもあります。

つい先日まで、親会社ともども好調で、事業も拡大したのに。

まさに、禍福はあざなえる縄のごとしです。

〈とにかく、連鎖倒産だけはしてはならない〉

そう決意した私は、慣れぬ営業活動に奔走しました。新たな取引先を探すため、仙台市内を回ったわけです。

もう、**なりふりかまっていられません。**

私はすでに雇われ人ではない。雇う側になっているのです。私の双肩に、社員の生活もかかっているわけです。

虚弱体質のために外で遊べず、子供の頃から人付き合いが苦手だった私。人付き合いそのものである営業でも、最初は苦戦を強いられました。

なにしろ、人との距離感が上手くつかめない。

〈もう少し、ざっくばらんに話したほうが良いのだろうか？〉

〈このぐらい言った方がいいのか？　ひょっとしたら失礼にあたらないか？〉

〈ここで、もう一押ししたほうがいいのか？〉

などと悩むことの連続でした。

ゆっくりであるものの、階段を少しずつ登って来た

しかし、**私は強力な武器を持っていました。資格です。**

情報処理第一種の資格は、私に信用を与えてくれました。事実、私は多種多様なプログラムを作ることができたのです。

資格による信用と、それに伴う技術。

これは営業の下手さを補ってあまりある、大変な強みでした。おかげで色んな業界から仕事をいただき、大ピンチを乗り切ることができたのです。

言い古されていることですが、やはり、何か得意なものを持っていると強いです。私の場合はコンピューター。潰しのきく分野であるうえに、資格という客観的な基準もありました。私自身は平凡な男でも、切れ味の良い刀を持っていたということです。

だからこそ、〝戦《いくさ》〟に勝てた。

芸は身を助けます。常に感度を上げていれば、どんな境遇でも芸＝得意分野は見つかりま

すし、磨けます。

お腹が空いたと思って車に乗っていると、レストランやラーメン屋ばかり見えてくるでしょう？

ベンツが欲しいと思っていると、街中でベンツが見つかるでしょう？

それと同じで、感度を上げれば、物事を深掘りできるのです。

世の中、何が役に立つかなんてわかりません。ですからあまり先入観を持たず、自分がこれだと思った分野の感度を上げ、掘り下げることです。そうすれば、いずれ強力な武器となります。

私のようにコンピューターでもいい。経理でも、あるいは営業トークの技術でも良いのです。とにかく自分の武器を見つけ、それを日々、磨いていくことが大事だと思います。

31歳の時には会社の事務員だった女性と結婚し、家庭というものを持ちました。

虚弱体質に苦しみ、学校も休みがちだった私が、社長となり、家庭を持つ。

二十歳の頃には、予想もしていなかった展開です。

あの一番つらかった頃、私は家で療養しながら、たまに仕事を手伝っていました。

給料、というか小遣いは、5000円ぐらい。

高校を卒業した男が、ろくに働きもせず、進学もせず、親からの小遣い5000円で生きていたわけです。

たまに友達と500円のランチを食べに行くだけで、親からぜいたくだと言われる二十歳の男……。情けなく、苦しい時期でした。

生まれながらの虚弱体質で、まともに働くこともできない自分には、普通の人生は歩めない。そんなふうに悲観していた時期でもあります。

でもその後、資格を取ることができましたし、就職することもできました。

さらに、独立することもできたうえ、危機を乗り越えることもできたのです。

いま振り返ってみますと、**ゆっくりではあるものの、着実に階段をのぼってきた、**とは思います。結婚してからは、それなりに生活も安定してきました。

とはいえ、先の話ではありますが、**リライブシャツが売れなかった3年間、家内には苦労をかけました。蓄えが減る一方でしたから、よくぞ耐えてくれたと感謝しています。**

とにかく結婚後、色々な発見があり、事業の幅も広がっていくのですが、それは次章に譲りましょう。

第3章

「仕組み」を味方につける

どんな仕事も、
仕組みで回っていることを
発見したのです。

世の中は「仕組み」で回っている

リライブシャツの販売を始める前、私は7つの事業を運営していました。

どんな仕事をしていたかと言いますと、もう様々です。

飲食店をやり、不動産をやり、浄水器の販売をやり、サプリメントの通信販売をやり、相続の支援事業をやり、住宅建築の第三者検査をやっていました。

他にも「志《こころざし》教育」という講座の講師を務めていましたし、本当に色々なことをしていました。

就職もままならず、二十歳過ぎまで引きこもりに近い生活をしていた私が、なぜ、いくつもの会社を経営できたのか。

それも、多種多様、幅広い分野で。

もちろん、長く「経営」というものをやってきて、慣れてきた、というのはあります。

継続は力なり、と言いますが、何事も長く続けていれば、いきおいノウハウもつかめてくるし、コツのようなものもわかってくる。

でも、私の場合は、それだけではありません。

ある重要なことに気づいたのです。

それは、「仕組み」です。

どんな仕事も、仕組みで回っている――ということを、発見したのです。

どういうことか、説明しましょう。

どんなビジネスも、それぞれ固有の部分があります。リライブシャツの販売でいえば、「リライブシャツ」という商品が、固有の部分です。

しかし、そういう固有の部分というのは、実は一部なのです。残る大部分は、どんな仕事も一緒といえば一緒といえるのです。

集客をして、営業をして、契約をして、納品する、という仕組み。

ここです。この部分は、どのビジネスにも共通しているわけです。

ですから、**この共通部分を上手に仕組み化することができれば、どんな職種でも立ち上げられるし、経営していくことができる**のです。

とはいえ、「仕組み化」と簡単に言っても、字面だけではなかなかわかりにくいと思います。私が実際に採った方法を、具体的な事例で説明しましょう。

私は不動産のビジネスもしています。

貸事務所というのはあちこちにある。そこで私は、新しい仕組みをつくることを考えました。

そして、レンタルオフィスに事務所がついて、なおかつコンサルティングもサービスするという、**「起業家を育成する貸事務所」**をつくったのです。

起業を考えていても、何から始めていいかわからない方というのは結構います。

そういう方々に、場所だけではなく、助成金のもらい方とか、トラブル処理の仕方を教える。**その他もろもろの、相談事にも乗る。**むろん、普通のレンタルオフィスにあるような、コピー機やWi-Fiも備えてある。荷物の受け取りもする。

こういう形態の貸事務所は、他にありませんでした。なので、**予想通り、たくさんの顧客が集まってきました。**

従来無かった仕組みをつくり出すことで、事業を軌道に乗せられたわけです。

つまり、困っている人（＝潜在的顧客）がいるのに、その方たちに向けたサービスが無い。ニーズがあるのに供給が無い。

そんな状況を見つけたら、

〈新規事業を立ち上げるチャンスだ〉

と私は考えます。

ニーズに応じた新たな仕組みを作成し、その分野の専門家を１人かませる。これでＯＫ。新たな事業を立ち上げられます。「仕事」をつくり出すことができるのです。

私が採った「仕組み化」の実例を、他にも紹介しましょう。

私は建築士の資格を持っていません。

でも、欠陥住宅が多いことは知っています。

そこで建築士と協業して第三者による住宅の建築検査機関を設立したのです。もちろん、欠陥住宅をつかまされたくない層に向けたサービスです。これも従来にはあまり無い仕組みだったので、上手くいきました。

相続の専門家を無料の出張サービスで一括して紹介する、というサービスを作ったこともあります。

経験者の方ならおわかりだと思いますが、相続には色んな士業が関わってきます。弁護士、司法書士、社会保険労務士、税理士、行政書士……普通の人には、何が何だかわからない面があると思います。そして彼らは自分の事務所に来ることが前提です。

ですから私は、無料で出張相談をして、これら士業の専門家を一括して紹介する仕組みをつくったのです。要するに、**ここへ相談すれば一発で済む、あちこち行かなくていい、**ということにしたのです。

これも当たりました。なにせ、需要は非常にあるのに、供給側が無かったわけですから。

このように、私は「仕組み」をビジネスとしてきたのです。

困っている方たちに、今までに無い仕組み＝サービスをつくって提供する、というビジネスを。

「仕組み」を知れば新しいビジネスが生まれる

この「仕組み」という、ビジネスの奥義みたいなものを、なぜ、私ごときが会得することができたのでしょう？

それには、若き日の仕事が関係していると思います。

私はプログラマーとなり、システムエンジニアとなった。システムエンジニアという職は、物事を仕組みに置き換えて考える習慣が身についています。

私も御多分に漏れず、**プログラムやソフトを仕組みで習慣がついた。それにとどまらず、仕事全般を、「仕組み」で捉えるという視点を持つようになった。**

その結果、**職種は異なっていても、仕組みの部分は共通している**ことに気づいたのです。ちょうど、バブル崩壊の煽りを受けて親会社が倒産し、新規開拓に走り回っていた時期でした。

〈仕組みが仕事の基礎、根幹をなしているなら、そこをビジネスにすれば良いのではない

か――〉

そう考えた私は、困っている人に向け、新しいサービス＝仕組みを提供するビジネスを始め、運よく成功できたということです。

リライブシャツも同じです。肩コリや腰痛に苦しんでいる方々に向け、「リライブシャツ」という新しいサービス＝仕組みを提供している、ということです。

ですから私は、自分のことを「仕組み屋」と定義づけています。

飲食、不動産、建築検査、相続の支援……こう並ぶと、事業に何の脈絡も共通項もなく、適当に手を出した感じがすると思います。

ところが、「仕組み」という観点で見てみれば、どの仕事も「集客をして、営業して、契約をして、納品する」との共通項があるわけです。だから私の中では、全てのビジネスが一貫しているのです。

普段から、「仕組みをつくって人を助ける」ということを意識しています。そのためにアンテナを張っています。

「困っている人はいないか」

「**助ける仕組み**を考えて、それをビジネスにできないか」と、常に感度を上げ、アンテナに何か引っかかったらそれを深掘りしていく。

だからこそ、身体の専門家でもないのにリライブシャツを商品化できたし、建築士の資格も無い身でありながら、建築検査のビジネスを始められたのです。

仕組みという「串」がしっかりしていれば、レバーでも皮でもお団子でも、何でも刺せるということです。

ビジネスの幅を広げる「抽象度」を鍛えよ

ここで**大事なことは、「抽象度」の上げ下げ**です。

どういうことかと言いますと、例えば靴に関する仕事に就いている人が、自分を「靴べラ屋さん」と定義したとします。これだと、靴べラにしかアンテナを張らなくなります。

ところが、「靴屋さん」と定義したらどうでしょう。靴全般に対して気を遣うし、靴がらみのこと全てにアンテナを張るようになるのです。

さらに、「足の健康を守る人間」と定義すればどうか。今度はフットマッサージや靴下など、靴以外のことも視野に入ってくるわけです。

こうやって、**自分の仕事、立ち位置を、抽象的に定義することで、ビジネスの幅を変化させられます。**

抽象度を上げれば広くなり、下げれば狭くなる。自由自在に上げ下げできるようになれば、事業家としてランクが上がったと見てよいと思います。

抽象度の上げ下げは、時に会社の存廃を決めることもあります。

ハンコ屋さんが、自らを「ハンコを彫る職人」と定義する。で、その技術をとことんまで極める。こういう職人さんは、なかなか魅力的です。

しかしこれでは、パソコンでハンコを作れるようになった時に、もうお手上げになってしまいます。

ワザにこだわる職人さんは、なるほど魅力的でありますし、希少価値もあると思います。でも、ビジネスという観点で見た場合、これではもったいない。もしお店が潰れてしまったら、せっかくの技術も生かせなくなってしまいます。

ここで**抽象度を上げ、ハンコ屋ではなく「文字に対するプロフェッショナル」と定義すれ**

ばどうなるか。

抽象度を下げて、ハンコ屋に降りていくこともできるし、ＤＴＰ（デジタルによる印刷）に降りていくこともできるようになる。ビジネスの幅が一気に広がるのです。

つまり、「ハンコ屋」から「文字のプロ」へと抽象度を上げることにより、ハンコ以外にもアンテナを張るようになる。

そうなると、これまで通りハンコ技術を磨く一方で、デジタル技術も習得しようとします。

こうなれば、パソコン時代になっても大丈夫。デジタルにも通じたハンコ屋・印刷屋として、生き残ることができるのです。

抽象度を上げ下げできるようになれば、幅広い職種に対処できる。そのうえ、時代や環境の変化にも、ついていけるようになるわけです。

「抽象度を上げ下げする」という発想は、転職や、再就職においても役立つでしょう。

「前の職場と似た仕事を選んだつもりだったけど、いざ働いてみると、全然違う」

「今度入ってきた中途入社のやつは、前の会社ではそこそこのポストにいたらしいけど、ウチじゃロクに使えない」

等々の声をよく聞きます。

要は、前の職場で身につけたノウハウを、新天地で生かせていないわけです。

抽象度を少し上げて物事を考えれば、すぐに解決する話です。**仕事の定義、範囲を狭く捉えてしまうと、できる仕事が限られてきます。**今みなさんが読んでくださっている、この本を例に考えてみましょう。

本書は、自伝的要素や自己啓発的要素もあるビジネス本ですが、書いている私が「ビジネス本ライター」などと自己規定してしまうと、それこそビジネス本しか書けなくなってしまいます。

しかし、例えば「文字を使って世の中に感動を与える人」と自己規定すれば、伝記でも、小説でも、ミステリーでも書けるし、謝罪文や答弁書だって書けるわけです。あるいは、何かのキャッチコピーを考えることも可能になる。

ですから、**転職などで新しい仕事に就いた場合は、一段階、抽象度を上げてみる**ことをオススメします。

仕事を具体的に、個々の部分で見るのではなく、一歩離れて見るのです。

そうすれば、見える世界が違ってきます。「あ、前の仕事とかなりの部分は同じ仕組みじゃないか」ということに気がつきます。

営業、接客……といった仕組みはほとんど同じ、応用部分が若干違うだけ。

これがわかれば、前の仕事のノウハウを活かせます。「この業務は、前にやったあの業務と大部分同じだ」との既視感が出てくれれば、一気に新しい仕事に馴染めるでしょう。

私は「仕組み屋」です

このように、「抽象度」を意識し、それを上げ下げできるようになれば、たいていの仕事に対応できるようになります。

ただし、**注意しなければならない**ことがあります。

それは、抽象度を上げ過ぎないことです。

例えば私は、「仕組み屋」を自称していますが、正確には「人を助ける仕組み屋」です。

単に「仕組み屋」だと、あまりにも抽象度が高すぎて、自分の立ち位置がわからなくなってしまいます。富士山の頂上から地上を眺めても、何も見えないのと一緒です。

ですから、「具体性を持った抽象化」をすることです。

私の「人を助ける仕組み屋」でいえば、「人を助ける」の部分が「具体性」です。こうすれば、何か具体的な仕事に、すぐ落ちることができるのです。

私は自分に「人を助ける仕組み屋」との肩書をつけたことで、

〈困っている人を助けたい〉

〈どんな仕組みをつくったら悩みが解決するか〉

と、常に考えるようになりました。その方面に、アンテナを張るようになったわけです。

リライブシャツのヒントを見た時も、

「これは、シャツを作って売ったら物凄く喜ばれるんじゃないか？　困ってる人を助けられるんじゃないか？」

とひらめいて、「リライブシャツの商品化」という具体的な仕事に落ちていったのです。

私が単なる「仕組み屋」であったら、リライブシャツは生まれなかったでしょう。

「コーチ」という言葉があります。「バッティングコーチ」という肩書なら、打者しか対応できません。「野手総合コーチ」という肩書なら、打撃も守備も作戦も対象になります。あるいは、ちょっと長いですが「困っている人が一瞬で変わることのできる言葉をつくるコーチ」と自己規定すれば、例えば不登校の学生も、夫婦仲が悪い人も来るわけです。単に抽象化するのではなく、「具体性を持った抽象化」をすることで、アンテナも敏感になり、反応も早くなるわけです。

これまで**「仕組み」**と**「抽象度の上げ下げ」**について書いてきました。いずれも非常に重要なことだと思うので、あらためて、箇条書きでまとめておきます。

- **どんな仕事も、仕組みで回っている。**
- **ビジネスには、それぞれ固有の部分があるけれど、それは一部。大部分は同じ仕組みで動いている。**
- **商品を作り、集客をして、営業をして、契約をして、納品する、という仕組みはどの**

ビジネスにも共通している。
- **ニーズに応じて新たな仕組みを作成し、その分野の専門家と協業体制を作れば、新規事業は立ち上げられる。**
- **自分の立ち位置を抽象的に定義し、それを上げ下げすれば、色んな仕事に対応できるし、環境の変化にもついていける。**
- **ただし、抽象度には具体性を持たせること。そうでないとアンテナが反応しないし、実際の仕事も見つからない。**

以上です。この**「仕組み」で物事を捉える視点と、「抽象度の上げ下げ」という発想は、ビジネスに役立つ**と思います。事実、私はこの視点と発想を駆使したことで、いくつもの事業を軌道に乗せられました。

読者のみなさんにも、ぜひ、意識していただきたいです。

学歴、人脈、専門性は不要

さて、ビジネスというと、必ず言われるのが人脈と、専門性です。

人脈は何より大切だ、何か専門性が無いと差別化もできないしやっていけない、などとよく言います。

ビジネスの現場では、あまり無いかもしれませんが、社会生活全般においては、学歴も評価の対象になります。

この**人脈、専門性、学歴について、私の意見を述べてみたい**と思います。

まず**学歴**から申し上げますと、私は学歴はある面では必要だと考えています。

どういうふうに必要かと言いますと、学歴を通じたつながりと、信頼性です。

東大に行けば東大の友達ができるし、東大の先生ともお近づきになれます。また、「東大卒」というだけで、一定の信頼を獲得できる。これは大きいと思います。

弊社にも東大で学んだ社員や某国立大学院で学んだ社員がいますが、周りから尊敬されています。

とはいえ、知識という面では、学歴が役に立つとは必ずしも言えないでしょう。というのは、難関大学でマニアックな言語を学んだ、と言われても、ビジネスの場では「だから何？」となるわけです。

次は**専門性**についてです。

私の知人の大学の先生が、「私、専門バカなんで」という言い方をしています。もちろん、謙遜もあるでしょうが、専門以外の知識を身につけてこなかった、ということをおっしゃりたいのだと思います。

最先端の知識を持っている人というのは、その分野について物凄く深くて物凄く狭いわけです。ですから、専門分野からズレた時、その知識は役に立たなくなってしまいます。

また、最先端の知識が10年、20年の寿命を持つ世界もありません。知識とは、どんどん更新されていくものです。

しかも今の時代、グーグル先生やChat GPTに質問すれば、何でも教えてくれます。ですから、知識と学歴とは、合致しない面が出てくるわけです。その場、その場で必要な知識を身につけていけば、学歴が無くても問題ない。

私は高卒ですが、だからこそ「勉強しなければまずい」と思い、様々なことを独学してきました。なまじ大学を出ていたら、プログラムの勉強をすることも、情報処理第一種の資格を取ることも、無かったと思います。

続いて**人脈**について話しましょう。

人脈には、２種類あると思います。

１つは、自分が上がっていく時の人脈。物事を成し遂げるための人脈です。

もう１つは、何かを売ったり宣伝したりという、影響を与えるための人脈です。

世間の多くの人は、知り合いのことを人脈と言っています。

しかし、その人自身の魅力が無ければどうでしょう。ほとんどの場合は、知り合いだろうとついてこないと思います。

何の魅力も無い人が、ちょっとやりたいことがあるから力を貸してくれよ、と言ったらどうなるか。知り合いなら、１回だけ、話を聞いてくれるかもしれません。でも、それだけです。

何で力を貸す必要がある？　俺にどんなメリットがある？　と言われて終わりです。

人脈があるとか知り合いが多いから成功する、なんていうのはとんでもない話です。無いよりはあった方がいい、というだけのことだと思います。

私は人脈より、魅力的なオファーのほうを重視します。わかりやすくするため、いささか極端な例で説明しましょう。

ＦＸ（外国為替証拠金取引）で、99％の確率で2倍になる、というトレードシステムをつくったとします。

残りの1％も投資金額が無くなるだけで、大損はしない。こんな取引がもし存在したらどうでしょう？　ほとんどの人が、手を出すに違いないと思います。

この時、人脈が無いからこの取引を広められない、なんて考える人がいるでしょうか。いるわけがないです。優秀な人や信頼できる人を1人でもつかんだら、その人が宣伝してくれます。

私は岩井良明さんと出会ったことで、リライブシャツを世に広めることができました。これは「人脈」ではありません。なにしろ私は、それまで岩井さんに会ったことも無かったのです。

でも岩井さんは、リライブシャツという商品に可能性を感じてくれた。そればかりか、自分の番組に呼んでくれた。知り合いでも何でも無かった私を、です。

このように、**人脈が無くても魅力的なオファー、コンテンツがあれば、ビジネスは成功するの**です。

なによりも大切なことは高い「志」を持つこと

ここで、もう一つ重要なのが、「志」を持つことです。

高い志を持つことは、人脈よりも大事です。いや、魅力的な商品を持つことと以上に大事かもしれません。

なぜかといえば、**高い志を持つことで、その人自身が魅力的になる**からです。

たとえ商品の良さがわからなくても、売る人が壮大な夢を語れば、相手は「こいつと組んだら面白いかも」「もしかしたら凄い可能性があるのかも」と思ってくれます。高い志というものは、時に人の心を動かすのです。

「高い志」の力。それがいかに強力なものか、測る方法があります。

何だと思いますか？

それは、腕相撲をやることです。

意外に思われた方が多いと思います。「高い志と腕相撲と、何の関係があるんだ？」と。

普通に腕相撲をやるのではありません。ちょっと違う方法でやるのです。

読者の方にも、ぜひ試していただきたいのですが、腕相撲をする際に、それぞれ言葉を口にするのです。


片方は、次のように言います。

「私は、世界中の人々を助けるために、仕事を頑張ります」

もう片方は、次のように言います。

「私は、自分が遊ぶために仕事を頑張ります」

私は**講演の時**、累計3000人ぐらいの方々に、この**腕相撲の実験**をしました。
その結果は、驚くべきものです。

高い志を持つと能力以上のパワーが出る

「世界中の人々を助けるために～」と口にしたほうが、ほとんどの場合勝率100％。つまり全員が全員、勝利したのです。

逆に、**「自分が遊ぶために～」と口にしたほうは、ほとんどが全敗。全員が全員、負けてしまった**のです。

「ちょっと、信じられない」という読者の方もいらっしゃるでしょう。統計的にも、あり得ないことだと思います。でも、本当なのです。ぜひ友人とやってみてください。

高い志を持つと、これだけ凄いパワーが出るわけです。パワーというのは、すなわちエネルギー。

ですから、アップするのは筋力ばかりではないと思います。なかなか確認はしにくいですが、発想力や行動力も、同様にアップするに違いありません。

とにかく、高い志を掲げれば、これほどまでのパワーが出るわけです。

一方で、私程度の、ちょっと事業で成功しただけの人間が、素晴らしい経歴を持った方々に、「手伝ってください」と言っても、誰も手伝ってくれません。「は？」で終わりです。

けれども、そういう一流の方々というのは、概してスケールが大きい。なので、私の高い志、高い目標に対しては、共感、感動してくれるのです。

私の能力ではなく、私が目指しているもの、掲げているものを見る。私に協力してくださっている有力な方々は、みなさんそうでした。

リライブシャツを売り出してからも、私はずっと大きな志を話してきました。

「これで社会を変えたい」

「このシャツで介護を変えたい」

と言い続けた。令和の虎に出た時もそうでした。

「いい商品だから売れる」といった小さな話にとどめていたら、ここまで成功しなかったでしょう。だって、単に「いい商品」というだけなら、他にもたくさんありますから。

高い志を持っていたから、「確かにこのシャツなら、本当に社会を変えられるかもしれない」と思ってくれる人たちが現われた。その方々が、リライブシャツを年商100億の道に導いてくれた。私はそう理解しています。

まとめますと、**人脈は必ずしも必要ではありません。あるに越したことはない、**という程度のものです。

魅力的なコンテンツや、高い志のほうが断然重要。その2つがあ

れば成功できます。そして成功すれば、人は自然と集まってきます。で、人脈ができるわけです。

学歴、人脈について述べたので、**専門性についてさらに書いてみます。**

私は学歴もありませんが、専門性もありません。

リライブシャツを売ってはいますが、アパレルの専門家ではないですし、体の専門家でもない。素人からの参入です。

私は専門性というものを、常に外からの協力で調達しています。人が集まるところには、専門家の方がいるものです。

専門家の中には、一緒に事業をやろうと誘うと、喜んで協力してくれる方が必ずいます。そういう方たちは、私のような素人の意見にも、きちんと耳を傾けてくれます。

でも、専門家の方というのは、メインではありません。サポートです。

あくまで主役は、高い志を掲げて主体的に動く人。ここでも大事なのが、「高い志」を持つことなのです。それを専門家の方が、具体的にデザインしていったり、設計していったりするわけです。それらの作業は重要ではありますが、メインではないのです。

腹をくくって、「これをやるんだ！」と決めた人間を、専門家がサポートする。これが事業の本質だと思います。

主役に必要なものは、１にも２にも高い志。学歴、人脈、専門性は、不要とは言いませんが、必須ではないのです。

ですから、学歴が無いからダメだとか、人脈が無いからダメだとか、専門性が無いからダメだとか、そんなふうに思うのは間違いです。

それらが有るか無いかで、人を判断するのも誤りです。

高い志や魅力的なコンテンツといったもののほうが、ビジネスには重要なのです。

この「専門性」というテーマについては、次章でさらに掘り下げたいと思います。

社員30人で77億円を売り上げる

学歴・人脈・専門性無しでも、きちんとビジネスはまわります。それを、わが社のケースで見てみましょう。

リライブシャツを作る人、テレビコマーシャルで集客、ＥＣサイトで営業、電話注文で契約を受注、発送業務で納品、といった、「商品を作り、集客をして、営業をして、契約をして、納品する」というビジネスの仕組みのほとんどを外注しています。

社内で実際に行っている仕事としては、外注さんへの依頼のほか、新商品の開発、マーケティング企画、お客様へのフォロー、新しい販売チャネルへの営業、経理と財務などです。要するに仕組みになった部分はすべて外注で、社内ではそれ以外の部分だけを行っているのです。

そのため少人数ですが、会社はうまく稼働しています。

もちろんここまで来るためには非常に優秀な外部顧問の先生たちや外注さんの力が大きかったことは言うまでもありません。そのおかげで質の高い商品生産体制、高い契約率の集客システム、安心な納品体制を作ることができました。

手前味噌ですが、社内のチームワークも抜群です。役割分担が上手にできています。

実は、社員の3分の2は女性なのですが、それはこういう理由です。

リライブシャツの事業を始めるにあたり、私は募集をかけました。ところが、場所が田舎でネームバリューが無いせいか、集まったのは近所の主婦の方がほとんどだったのです。

志望動機を聞くと、一番多い回答が「家が近いから」。専門性などかけらも無い状態でスタートしたわけです。

しかし、女性は仕事が丁寧で優秀です。新しい仕事をすぐに覚えてくれました。小さい子供のいる社員は、早退する日もありますが、やることをきっちりやってから帰宅します。弊社では女性社員が「文官」だとすると、男性社員は「武将」です。営業の外回り、銀行回り、出張を熱心にやってくれます。銀行出身で、経理の才を発揮してくれている社員もいます。

リライブシャツ自体、開発からまだ10年も経っていませんから、社員もみな数年の社歴です。みな真面目で実直で、一定以上の能力を持っていますが、別に高学歴ぞろいでも専門家ぞろいでもないです。広範な人脈を持つ人間もいません。

このように、**仕組み化ができていて、高い志（わが社の場合はリライブシャツで困っている人たちを助ける）を掲げていて、かつ真面目な社員がいれば、ビジネスはまわる**のです。

学歴・人脈・専門性は、必須のものではありません。わが社がそれを証明しています。

ただし、これは嬉しい悲鳴なのですが、最近、余裕が無くなってきた面もあります。

これまでわが社はBtoC（企業が消費者と取引するビジネス）がメインでしたが、リライブシャツが認知されるにつれて、BtoB（企業が企業と取引するビジネス）も始まってきています。

こうなると、営業マンが4人や5人では、どうしても足りません。こちらからお客様に営業をかけるということが、この人数ではできないわけです。

お客様の側から話が来て、それに対応していく。これが精いっぱいの状況です。本当はもっともっとできる余地があるのに、人数が少ないため、それができていないのです。

BtoCでもBtoBでも、ビジネスの「仕組み」は変わりません。ですが、私はこれから世界へ飛躍するとの高い志、使命感を抱いていますから、ビジネスの拡大に見合った体制を、早く構築せねばと考えているところです。

理想的で魅力的なビジネス展開を考える

私は、世界中の人たちを、わがリライブシャツによって助けたい、との志を持っています。

人を助ける仕組み屋だ、とも自称しました。

要は、「困っている人を助ける」ことが、ビジネスの根幹だと思っているわけです。

なぜ、**「人を助ける」ことに、ここまでこだわるのか。**

その理由を、述べたいと思います。

30代半ば、バブル崩壊により親会社が倒産。連鎖倒産を免れるため東奔西走したことは、先に述べました。

その頃、「仕事は仕組みで動いている」ことを発見したのも、すでに記した通りです。ビジネスの「奥義」ともいえる仕組み化に気づき、仕事は安定してきました。墜落寸前から脱出し、安定軌道に乗ったわけです。

ところがその矢先、私自身が墜落、いや転落してしまったのです。

「転落」と言いますと、悪の道に転落した……などと誤解されてしまいそうですが、そっちではありません。転ぶほうの転落です。実家のテレビアンテナを調整するため屋根へ上ろうとして、誤って落ちてしまったのです。

私は腰を圧迫骨折し、40日も入院する羽目になりました。倒産の危機を免れたというのに、一難去ってまた一難です。

ところが、このケガのおかげで、私は素晴らしい「出会い」をすることができたのです。

退院した後、私の腰を心配してくれた知人が、こう言ってきたのです。

「**青パパイヤのサプリメント**がある。これは体に良いから、試しに飲んでみれば」

退院したとはいえ、まだ腰が痛かった私。ワラにもすがる思いでパパイヤのサプリメントを購入し、飲んでみたのです。

すると、どうでしょう!

腰痛ばかりか、生来の虚弱体質まで改善してきたのです。

それも、たった数日で。

本当に、数日で、驚くほど体調が良くなってきたのです。

腰の痛みが快方に向かうのは、まだわかります。体質によるものではなく打撲でしたし、すでに退院していたわけですから。

でも、長年苦しんできた、生まれつきの虚弱体質までが、劇的に良くなるとは。

家族、親族にも勧めてみたところ、やはり、みんな元気になりました。たまたま私の体質に合った、というわけではなく、誰に対しても効くようです。

私はそれまで、健康に良いとされているものは、色々と試してきました。けれど、どれも大したことはありませんでした。

しかし、このパパイヤは違う。

比喩ではなく、正真正銘、一瞬で変わったのです。

人は一瞬で変われる。

そのことを、私はパパイヤから教わりました。

着ると一瞬で体が変化する、リライブシャツ。その原体験は、パパイヤにあります。パパイヤの体験は、リライブシャツをつくる際のモチベーションになりました。

パパイヤを飲んだ時の自分のような、一瞬で変わる経験をみなさんにもしてもらいたい

――そういう気持ちがあったからこそ、挫折しなかったのだと思います。

とにかく私はパパイヤの効果に、

〈こんな奇跡のようなことがあるんだ……〉

と驚き、そして感銘を受けました。

また同時に、こんなふうにも思ったのです。

〈私と同じ虚弱体質の人たちに、これを届けられないものか〉

売り手と買い手がウィンウィンの関係にならなければ、ビジネスは成り立ちません。万一、成り立ったとしても、それは邪道です。長続きしません。

その点、このパパイヤのサプリメントをビジネスにすれば、珍しいほどのウィンウィンが見込めます。売り手の利益の何倍もの満足感を、顧客が得る。これは理想的な形のウィンウィンであり、魅力的なビジネスでもあります。

なにしろ**体調が改善する**わけです。「いい買い物をした」といったレベルではありません。大げさではなく、**「人生が良い方向へ変わる」**のです。

〈こういう、困っている人を助けられるようなビジネスをやれば、喜ばれるし儲かるし、凄いやりがいがあるんじゃないか〉

パパイヤのサプリメントと出会ったことは、私の転機になりました。「困っている人を助ける」ことを、ビジネスにできないかと意識するようになったのです。

虚弱体質に生まれた身ですので、「人が困っている」ことに対しては、それまでも敏感なほうだったとは思います。身につまされると言いますか、他人事とは思えなくなることがよくあった。

でも、それをビジネスに結び付ける発想はありませんでした。それが、パパイヤと出会って、

〈困っている人を助けるビジネスがしたい〉

と本気で思うようになったのです。

パパイヤと出会った30代の半ば、その年になって、やっと普通の体、健康体になったのです。

パパイヤ、この不思議な果物。

「1冊の本が人生を変えた」とか、「1本の映画が人生を変えた」とか、よく言われます。

私の場合、1台のパソコンが、若き日の人生を変えてくれました。

たまたま寄った秋葉原で、彼と出会わなかったら、今の私は無かったでしょう。

続いて1個の青い果物が、中年に差し掛かった人生を、明るく元気なものへ変えてくれた。パパイヤと出会わなかったら、今も私は虚弱体質に苦しんでいたでしょう。

そればかりか、**パパイヤは――**。

「困っている人を助ける」という、大きな志も与えてくれました。

その志は、20数年後、「リライブシャツ」という商品になって、大きく実を結ぶことになるのです。

困っている人を助けるビジネスに舵を切る

……しかも。

パパイヤの話には、まだ続きがあるのです。

私が初めてパパイヤのサプリメントを飲んだ日から、約5年経って――。

何と、そのサプリメントの会社の社長と、知り合うことになったのです。

パパイヤをめぐる、この不思議な縁。令和の虎の岩井良明さんと邂逅《かいこう》したことといい、私は「出会い」に本当に恵まれています。

その会社は、あるメーカーから独立したばかりで、まだ若い企業でした。

〈このパパイヤを、ぜひ自分の手で扱ってみたい〉

常々そう考えていた私は、社長に切り出してみたのです。

「私にも、そのパパイヤのビジネスをやらせてもらえませんか？」

すぐに、話はまとまりました。

念願通り、パパイヤを主力とするサプリメントの通販会社を立ち上げることになったのです。

「困っている人を助けるビジネス」を模索してから数年。

ようやく、その一歩を踏み出すことになったわけです。

でも、それだけではありません。

サプリメントの通販を始めるにあたり、私はもう一つ、大きな決断をしました。

それまで経営してきたコンピュータシステム作成会社を、譲渡することにしたのです。

新規事業のサプリメント販売は、通信販売です。コンピュータシステム会社と両立できないわけではありません。

それでも私は、**長年やってきたプログラム作成会社を手放すことにしました。「困っている人を助けるビジネス」に、懸けてみようと思った**からです。

性格でしょうか不器用だからでしょうか、私には、こうと決めたらそのことに専念する、というようなところがあります。リライブシャツを開発した際も、他の事業を整理しました。この素晴らしいいシャツに全てを懸けよう、と決めたからです。

パパイヤと出会って、私は「健康」という、最も大切なものを手に入れました。困っている私が、一個の果物に助けられたのです。

と同時に、同じ虚弱体質の人にこれを届けたい、と思った。さらに、困っている人を助けるビジネスをやってみたい、と思うようになった。

ビジネスに対する考え方が、従来とは変化し、視野も広がってきたわけです。

そこへ、パパイヤのサプリメント会社の社長と知り合った。あまりの偶然というか幸運に、私は背中を押されたような気になりました。

全てを白紙に戻して、別の新しい事業を始める。それは、度胸のいることです。しかし私は、何とかなるのでは、という思いがありました。

すでに、どんな仕事も「仕組み」で動いていることに気づいていた時期です。ビジネスにも慣れ、その勘所もコツのようなものも、つかんでいました。

しかも、困っている人を助ける行為は、ビジネスの視点で見てみても、極めて魅力的なのです。

なぜかと言いますと、**世の中、困っている人は多いわけです。それなのに、助ける側の人は少ない。**

言い換えれば、需要は非常に多いのに、供給が非常に少ない、ということです。

〈ここで、困っている人を助けるビジネスに、本気で取り組んでみよう。やりがいは最高だし、勝算もある〉

そう考えるに至った私は、新しい海へと舵を切ることを決めたのです。

時は１９９９年。38歳の再スタートでした。

パパイヤのサプリメント販売を皮切りに、「困っている人を助けるビジネス」へと参入した私は、事業を増やすことを考えました。**サプリメント以外にも、人を助ける事業を具体的に立ち上げようとした**わけです。

事業を増やす。これは簡単なことではありません。まして、新規事業を始めて日も浅い。事業を「拡大」するならまだしも、「増やす」とは、かなり勇気がいることです。

それでも私は「事業を増やす」ことに踏み切りました。これには、あるきっかけがあったのです。

この数年前、パパイヤと出会った頃のことですが、実は他にも素晴らしい出会いがありました。

「出会い」といっても人ではなく、書物です。

ある本と邂逅したことがきっかけで、私はいわゆる成功哲学を学ぶようになったのです。

その書物とは、**ナポレオン・ヒル**の『思考は現実化する』という本です。ご存じの方も多いでしょう。自己啓発本の代名詞みたいなロングセラーです。

この本には、**体力がなくても学力がなくても成功できる、**という趣旨のことが書かれていました。**やりたいことをノートに記録していけば、それが実現していく**とも。

私はこの名著に衝撃を受けたと言いますか、深い感銘を受けました。読むばかりでは満足せず、関連するテープも中古で入手。何回も読み、何回も聴き、自分を「洗脳」しました。

成功できる自分、積極的な自分、決断する自分。そうしたものをイメージし、自分に言い聞かせる。そうすることで、自分を高めていったのです。

ナポレオン・ヒルに触れ、成功哲学を学んだ後、その流れでマーケティングも勉強しました。その過程で知ったのが、**ジェイ・エイブラハム**という人が唱えていた「パルテノン神殿理論」です。

これはどういうものかと言うと、パルテノン神殿にはたくさんの柱がある。その柱で神殿は支えられているというわけです。

事業もこれと同じで、柱が一本しかないと折れることがあるけれど、パルテノン神殿のように柱がいっぱいあれば耐えられる、という理論です。

『思考は現実化する』に続いて、私はこの「パルテノン神殿理論」にも感銘を受けました。で、考えたわけです。

〈今、自分にはサプリメント販売という一本の柱しかない。これでは何かあったら折れてしまうかもしれない。事業を増やし、柱を増やさなければ〉

ということで、私は事業を増やすことを決めたのです。

私がめざした「5本の柱」で事業の新展開を

前述したように、私は「人を助ける仕組み屋」です。事業を増やすに際しても、その観点から考えてみました。

色々な業界を調べてみますと、多くの業種、会社で仕組みが歪んでいることがわかります。

そのせいで、困っている人がたくさん出てしまっている。

そこで私は大きく出ました。1つの会社や1つの業界の仕組みを直すより、社会の仕組みを直したい、と考えたのです。

世の中には歪んでいることがいっぱいあります。

教育も歪んでいるし、住宅建築も歪んでいるし、医療体制も歪んでいる……少なくとも、私の眼にはそう見えました。

考えた末、私は「5本の柱」を立てることにしました。

健康、食べ物、住宅、人の生涯、教育。

この5つです。これら5つの仕組みを直す。それを新規事業にするという、高い志を立てたのです。

「健康」とは、すでに始めているサプリメント事業です。のちに浄水器の事業もやりました。東日本大震災の後、放射線性物質などを除去する浄水器を販売したのです。

ちなみにサプリメント事業は今でも継続しています。

「食べ物」とは飲食店。これもその後の話ですが、飲食店を多店舗展開しました。現在はリライブシャツで食べ物を作る農家さんを支援するため頑張っています。

「住宅」とは、前に少し触れましたが、建築検査をする仕事です。

住宅メーカーの方と付き合う中で、建築業界の仕組みがいかに歪んでいるか知りました。その歪みが欠陥住宅を生んでいることに気づき、それを正そうとしたわけです。

「人の生涯」とは相続支援事業。これも先に書きましたけれど、無料出張で相続の専門家を一括して紹介するサービスです。

相続の時、色んな先生のところにバラバラに行かないといけない、なんていうことは絶対に間違っています。その間違った仕組みを直すため、始めたビジネスです。

「教育」は自分の志を立てる講座の講師をしました。多くの人の人生を変えてきたと自負しています。その経験から教育は大事だと確信しました。今はお休みしていますが、将来は世界中に広めたいと考えています。

・仕事は「仕組み」で動いていることを理解していた。

- **抽象度を上げ下げすることで、色んな仕事に対応することができた。**
- **「困っている人を助ける」という志を持っていた。**
- **ナポレオン・ヒルの成功哲学を学んでいた。**
- **パルテノン神殿理論を学んだため、しっかりした柱を立てたいとの強い意志を持っていた。**

これらの要素があったからこそ、私は様々な事業を運営していくことができたのだと思います。

今、リライブシャツの仕事をしているのも同様です。過去の経験、発見、勉強、出会い等々の蓄積が、無形の財産になっていることを実感しています。

本章の最後に、**起業家の方々のために、「仕組み化」のやり方**について記しましょう。

「起業家の方々」と対象を限定するのは、仕組みをつくる、あるいは改良するといった作業は、起業家の仕事だからです。

例えばクレーマーと言われる人が店舗で起こす悪いクレーム、カスタマーハラスメントが問題になっています。

こうした問題があるということはこれを防いだり罰したりする法律や体制が弱いという

ことです。つまり仕組みがゆがんでいるわけです。

もし法律家や顧客対応のプロ、警察関係者などを集めて法人を作ったらどうでしょう。その法人で店舗の人に顧客対応の方法を教えて、問題の発生時には具体的に動いてくれるサービスがあったならカスタマーハラスメントは少なくなるに違いありません。

そうした仕組みをあなたが作ったとすれば世の中を大きく変えることができるかもしれません。ほかにもいじめを防止する方法なども必要ではないかと私は考えています。

ちなみに大部分のクレームは良いクレームだと私は思います。なぜなら商品やサービスの改善点を教えてくれるから。

悪いクレームとは店員の心を傷つけたり、違法な出費を要求したり、脅迫や中傷など店舗側に多大な負担をかけるクレームです。

……このように、仕組みをつくる際には、「どの仕組みを変えていくか」ということに着目すべきです。

切り口を誤ると、仕組みを変えるどころか、ビジネスになりません。

対象となる仕事・業界の性質、長所・短所、現状、来歴などを十二分に考慮して、どこを変えたら改善されるのか、見極めるのが大切です。

きちんと見極めて、仕組みを改良することができれば、利益は後からついてくると思います。

第4章

起業に絶対必要なもの

未来をどう想像するかが
大事だと思います。
心に想うチャンスを逃さない。

幸運にめぐり合う

前章で詳述したように、私はサプリメント事業へ参入したのを機に、様々な事業を立ち上げました。

健康、食べ物、住宅、人の生涯（相続）……「困っている人を助ける」という志のもと、色んな事業を展開したのです。

50代に入ってからは、不動産業にも進出し、宅建の資格も取りました。若い頃、情報処理の資格を取得した時のように、独学で取ったのです。

虚弱体質に苦しみ孤独だった学生時代。あの日々に身につけた独学のコツが、その後の人生に大いに役立ったわけです。人生は、何が幸いするかわかりません。

さて、**２０１５年に入り、リライブシャツ誕生のきっかけとなる、重要な出会いがありました。**

人、モノ……私が「出会いという運」に恵まれていることは、何度も書いてきましたが、今度出会ったのは人でもモノでもありません。

中国武術です。

ゆったりとした動きと深い呼吸で全身を刺激し、体を活性化する中国武術。

免疫力を高めると同時に、新陳代謝も活発になります。さらには自己治癒力もアップ。

運動不足解消や、体質改善にも役立ちますから、私にピッタリの武術です。

私はパパイヤのサプリメントによって虚弱体質を改善させ、30代にして初めて健康になりました。

そして、50代になって中国武術と出会い、人一倍、健康になった気がします。

健全なる精神は健全なる身体に宿る——と言いますが、中国武術を習うことで、私は心身ともに充実していく感覚になりました。

長年、虚弱体質に苦しんでいたとは思えないぐらい、体調が良いのです。自然、心も穏やかに、健やかになりました。

そこへ、**さらに私の心身をゆさぶる出会い**がありました。

２０１６年、「公益のために尽くせる高い志を持つ人材を育てる」との趣旨でつくられた団体に、出会ったのです。

それは、「志教育プロジェクト」というもので、経営者や教育者の方々が設立した団体です。

賛同者には文化人、スポーツ選手、政治家など、各界の名士の方々が並んでいます。

私はここで、**「人はそれぞれがミッションを持っている。そのミッションとは人を助けること。そのために生きなさい」**と教えられました。

そして、衝撃を受けたのです。

55年の人生を振り返ってみると、私は無意識のうちに、「困っている人を助ける」ことを仕事にしていました。

パパイヤのサプリメント販売もそうですし、健康や住宅など、「5本の柱」を立てようとしたこともそうです。誰かに言われたわけでもないのに、「人を助ける」事業に取り組んでいたのです。

思えば私自身、虚弱体質に苦しんでいた身です。「困っている人」そのものであり、助けを必要とする人でもありました。

「困っている人を助ける」――。

私は色々と考えていくうち、これが私のミッション＝使命だと結論しました。

そして、困っている人を助けることと、身体が元気になる方法を見つけることを、人生最後の仕事にしようと決意しました。

それまでも、

〈困っている人はいないか〉

と意識し、アンテナを張ってはいました。だからこそ、門外漢である建築検査の事業をしたり、相続を助ける事業をしたりできたわけです。

でも、それが「ミッション」であり、「人生最後の仕事」であると決めた途端、アンテナの感度がＭＡＸまで上がりました。何と言いますか、四六時中、考えるようになったのです。

有卦《うけ》に入《い》る、という言葉があります。幸運にめぐりあって良いことが続く、との意味です。

２０１５年、私は中国武術に出会い、人一倍健康になりました。

翌２０１６年、志教育プロジェクトに出会い、人生最後の仕事を見つけました。

続く、２０１７年。

今度は、私の人生を大きく変える出来事があったのです。

3年立て続けに幸運がめぐってくる……このころの私は、まさに有卦に入っていたのだと思います。

リライブシャツのヒントがひらめく

2017年のある日、**中国武術の仲間が、面白いことを披露しました。**別の武術仲間に、服の上からテープを貼ったのです。

で、その場にあったダンベルやバーベルを指し、

「そのテープを貼ると面白いことが起こるんだよ。ちょっとそれ持ち上げてみて」

と言う。

すると――ダンベルやバーベルが、すーっと持てたのです。

しかも、前屈をすると、身体が軽くなって楽になった。

「ええ⁉」

私も周りも、みな一様に驚きました。**予想もできないことが、目の前で起きたのです。**

奇術のような驚きの実験をやってみせた武術仲間は整体師兼スポーツトレーナーでした。

彼いわく、

「このテーピングは、本来身体が持っている機能を、補助したり矯正したりするんだ」

とのこと。

私も体験しましたが、なるほど身体がサポートされて快適に動かすことができている。

〈…………〉

テーピングの威力にみんなが驚きはしゃぐ中、私は1人立ちすくんでいました。

脳天に、電流が走るほどのひらめきを感じていたのです。

〈このテーピングをセットしてある服があったらどうだろう……？〉

テーピングだと剥がれたり、肌がかゆくなったりする。でも、シャツにテープを貼れば、そんなわずらわしい副作用も無く、着るだけで効果があるはずだ。

「困っている人を助ける」ことに、アンテナを張り巡らせていた私。この不思議なテープは、アンテナをかつてないほど刺激したのです。

私はすぐ、彼に、こう提案しました。

「このテープをシャツに貼ってみたらどうだろう？　着るだけで、老若男女すべての人が凄い力を出せて、体が柔らかくなるんだよ。夢のパワースーツじゃないか！　これはビジネスになるかもしれないよ！」

彼は職人肌で、私のような事業家タイプではないので、ビジネスにするという発想は無かったようです。

「いや、やってみたいけど……お金も無いし、ノウハウも無いからな……」

私は思わず言いました。

「じゃあ一緒にやってみる？　僕がお金出すから、ノウハウを出してよ！」

……もう、おわかりだと思います。

これが、リライブシャツ誕生のきっかけです。

この日から、年商１００億円の道がスタートしたのです。

貼るだけで、身体を劇的にサポートしてくれる鉱石テープ。

それをシャツに貼る。

そして、商品として売り出していく。

何か、夢みたいな話です。

雲をつかむような話でもあります。

なにしろ、そんな商品は世の中に無いわけです。

お手本も無いし、マニュアルも無い。

全てが手探りの状態で、リライブシャツは始まったのです。

「世界を変える商品」の予感

〈夢のパワースーツをつくるには、まず人体について勉強しなければならない。人体のデータも集めなければならない〉

そう考えた私は、まず本を読んで勉強しました。それにとどまらず、数名の身体の専門家の話を聞くこともしました。書物だけではわからない部分もあったからです。

データを集めるため、知人らに手当たり次第、経絡《けいらく》（「ツボ」の筋道）のポイントをとらせてもらいました。経絡は人によって異なるもの。ですから、より多くのデータを集めることで、最大公約数に近づくわけです。

順調に進んでいましたが、残念なこともありました。整体師兼スポーツトレーナーの彼が、別のビジネスを立ち上げることになり、活動を共にできなくなったのです。

（彼が自分のビジネスが落ち着いて、私の会社の顧問として戻ってきてくれたのは5年後のことでした）

私は彼から権利を譲り受け、他の専門家のアドバイスを受けながらも〝独学〟でたくさんのことを研究しました。生涯で何回目の独学でしょうか？　いちいち覚えていないぐらいです。

老若男女、ＳＳから３Ｌサイズまで、１００名以上のデータを収集。それを基に、シャツやパンツに貼りました。まだ実験段階の、簡易版・パワースーツです。

これをいろんな人に着てもらい、どのような反応を示すのか、テストを繰り返しました。

何百回もテストした結果、やはり、筋力や肩コリ、腰痛が改善する、とのデータも得ました。

そうした試験データに基づき、試作品を作成。それを、さらに改良するのです。

〈パワーストーンを粉状にして、テープに練り込んだらどうだろう？〉

〈張り付けるだけではズレてしまう。生地に直接テープを縫い付けてみよう〉

試行錯誤を重ね、どんどん改良していきます。

こうした作業は、基本的に私一人でやっていました。しかし、そのうち**「手作りでは無理だ」**との結論に至りました。

〈相当な費用がかかったとしても、試作品の段階からプロに頼むしかない〉

私は手作業に限界を感じ、鉱業企業の協力を得ました。


ここで、**私は大きな決断**をしました。

貸しビル業以外の事業を、全て清算することにしたのです。

私の人生最後の仕事であり、集大成でもある、「夢のパワーシャツ」の開発。

これに、お金も時間も全て懸けることを決めたのです。

そこからは、もう24時間、寝ても覚めてもシャツのことばかりを考える日々でした。

独学の技術、事業のノウハウ、書物から得た知識……それまでの人生の中で得た、全ての経験と知識とを、シャツの開発に注ぎ込みました。

けれど、すんなりとは行きません。一歩前進一歩後退、二歩前進一歩後退、時には斜めにずれてまた真っすぐに戻る……そんな毎日でした。

大変といえば大変でしたが、それ以上にワクワクしました。

今まで生きていた中で、これほどワクワクしたことは無い。

と思うくらいに。

全身の血が沸騰している……そんな感じのワクワク感でした、

そして——。

ついに、「今まで見たことのない力強いシャツ＝リライブシャツ」が完成したのです。

２０１８年には特許を取得し、商品化に成功。

展示会では体感ワークをして多くの方から好評をいただきました。

とはいえ、ビジネスとして結果が出るのは、もう少し先でした。

令和の虎に出演するまでの3年間、ほとんど売れなかったことは、第1章で書いた通りです。

ただ、私には、

〈いつか絶対に売れる〉

という妙な自信がありましたし、

〈困っている人を助けたい〉

との使命感もありました。

家族や周囲の方々の、力強い協力もありました。

それらが強い支えとなり、「暗黒の3年間」を乗り切ることができたのです。

いや、もうひとつ、支えがありました。

私には、多少とはいえ蓄えがあったのです。

リライブシャツの開発中、貸しビル以外の事業を清算したことで、何年間はしのげる余裕ができました。

これは、大きかったです。

『孟子』に「恒産なくして恒心なし」という言葉があります。経済的に安定していないと、精神的に不安定になる、との意味です。

私は小なりといえども蓄えがあったので、売れなかった3年間、くじけず粘ることができたのだと思います。

私は家族を抱える身です。いくら自信と使命感があっても、明日の食い扶持にも困っていたら、「夢のパワースーツ」を追いかけることなどできません。まず家族を食わせることが先決です。

恒産（一定の資産）。これは間違いなく、私を支えてくれました。売れない日々が続いても、「まだ大丈夫」「まだ何とかなる」と私を励ましてもくれました。

とはいえ、3年も経つとかなり減りますから、家内は心配していたようです。

それはいいとして、**起業を考えている読者の方もいらっしゃるでしょう。そういう方は、何年かは収入ゼロでも平気なように、多少は蓄えを用意しておくべき**です。

素晴らしい商品、プロジェクトがあったとしても、それがすぐ日の目を見るとは限りません。リライブシャツの例を見れば、おわかりだと思います。

恒産が無ければ、起業に集中することもできなくなります。**ですから、まず蓄えをつくり、その後に起業する。それが、進むべき道**ではないでしょうか。

「暗黒の3年間」を救った想像力

「暗黒の3年間」について、もう少し書いておきましょう。

私はリライブシャツを開発中の段階で、

〈みんながこの「今までに見たことのないシャツ」を喜んで着てくれて、物凄い人気商品になる〉

という世界をイメージしていました。もうまざまざと、ありありと。

この素晴らしい商品と、敢えて生意気な表現を使えば私の話し方――アイコンタクトを駆使し、かつ魂が込められている――があれば、絶対に売れる。

そう確信したので、シャツが受け入れられる未来を、具体的に想像できたのです。

新商品、新企画に対する想像力。これは、ビジネスにとって極めて大事な要素だと思います。

私は「夢のパワーシャツ」のアイデアに、あまりにも自信があったので、実はシャツの完成前に、特許を申請していました。

まだ商品が出来上がっていないのに、アイデアだけ持って弁理士のところへ行き、

「先生、これ100億円売れる商品になるから」

などと話したのです。

この前、その弁理士の先生から、

「本当に100億円の会社になりましたね」

と連絡がありました。リライブシャツをつくる過程で、たくさんの方々にお世話になったわけですが、この弁理士の先生もその1人です。

とにかく私は、自信に基づく想像力を持っていたのです。

その想像力によって、明るい未来をイメージした。

現実のものであるかのように、くっきりと。

そのイメージした明るい未来が、また自信を裏打ちし、「暗黒の3年間」を支えてくれたということです。**事業なるものは厄介です。順風満帆というわけにはいきません。**

どんなに上手くいっていても、必ずつまずく時が来ます。

その時に、「未来をどう想像するか」が大事だと思います。

むろん、蓄えがあってこその話ですが、明るい未来を想像すれば、自信も生まれ、希望も生まれ、励みになることは確かです。

しかも、何かを想像することは、何かを発想することにも通じます。

よくいわれる**「発想力」とは、つまるところ「想像力」**。

〈こんな商品があったらどうか〉

と新商品を想像することが、新規ビジネスにつながるわけです。

逆境を支えるもの。新商品の生みの親にもなるもの。

それが、想像力なのです。

専門外に進出してナンバーワンを取る方法

ところで、リライブシャツを開発して以来、こんなことをよくいわれます。

「アパレル事業者でもないのに、よく商品化できましたね？」

「体の専門家でも、医療関係者でもないのに、よくこんなの作れましたね？」

なるほど私はアパレル事業者ではありません。人体の専門家でもありません。いずれの面でも素人でした。

そんな私が、身体のいたるところを改善し、サポートできるシャツを開発した。

そのことを、意外に思われる方が多いのでしょう。

特に経営者の方などは、私が専門外のことをビジネスにして、一応は成功したことが気になるようです。

しかし、**ここまでお読みいただいた方ならおわかりのように、私は「専門外の事業」ばかりをしてきた経営者なのです。**

私は元々プログラマーとしてスタートしました。独立した時も、コンピューターソフトの事業でした。

しかし途中から、パパイヤのサプリメントを売ったり、浄水器を売ったり、建築検査をやったり、相続をやったりしてきました。

事業が「仕組み」で動いていることを発見してからは、専門か否かに関係なく、ビジネスをしてきたのです。

でも、考えてみれば当たり前のことです。専門性を身につけるのは大変なこと。時間がかかり、場合によってはお金もかかる。専門家になるには、能力も労力も必要なのです。

他方、**世の中には無数のビジネスがあります。ビジネスチャンスも無数にあります。その全てに専門性を持つことなど、できるはずがありません。**

つまり、「専門性」にこだわっていたら、起業も新規事業も、何もできなくなってしまうという現実があるわけです。

そこで、第3章でも書いた専門性について、あらためて触れておきたいと思います。たいていの場合、「専門外」のことをやるのが起業であり、ビジネスであるからです。

私の事業経験を述べましょう。私は建築検査のビジネスをやったり、相続を一括して支援するビジネスをやったりしました。

住宅の本を出したこともありますし、相続をテーマにした講演もやりました。

繰り返しになりますが、私は住宅についても相続についてももともとは素人です。なぜ私ごとき素人が、そんな専門外の分野に口を出すことができたのか。

それは、お客様のニーズの見極め方にあると思います。

実は、専門家の方というのは、概して顧客のニーズのあるところに目を向けていないのです。お客様の目線というのは、お金に関するところとか、自分たちに関係する部分を向いている。

ところが専門家の方は、自分の専門分野のところとか、最先端の部分を見ていることが多い。しかも、狭い部分で深掘りしているから、少しズレるとわからなくなるケースもあるわけです。

その点、私のような素人は、同じく素人であるお客様の目線がよくわかる。同じ立場で、同じものを見られるのです。

私は建築検査をしていたころ、見積もりのおかしさを知りました。

注文住宅で契約した後に、見積もり額が上昇する。これは明らかに不当です。それなのに、専門家は誰も指摘しない。

なぜかというと、もし指摘してしまったら、住宅メーカーとの関係が悪くなります。設計士などは、実態を知っているのに黙っている。「これはおかしい」なんて言ってしまったら、メーカーから仕事が来なくなるからです。

建築士は住宅の設計のチェックはお金になるからみんなやるわけです。

しかし、**見積もりのチェックなんて誰もやらない。お金にならないから**です。

「これ、金額まで上がっちゃいますよ」「ここが不明ですよ」「これ、契約した項目に入っていないですよ」……などと指摘したところで、一銭も入らない。

ですから専門家ではなく、私のような素人の出番があるのです。

私は見積もりチェックをしたことで信頼され、建築検査の仕事をいただけました。

相続もまた同じことで、お客様と同じ目線に立つわけです。

相続は、まともにやったら様々な勉強が必要です。

でも、そんなこと誰もやりたくない。

そこで、専門家の出番となりますが、専門家が１人ではなく、複数必要になるケースがある。そうなると、あちこちに足を運ばなければなりません。

ここで、私のような素人の出番がやって来ます。

私は相続問題に詳しい人を無料で出張させて相談に乗り、専門家をまとめて一括して紹介する仕組みを考えた。

司法書士でも行政書士でもない私。でも、専門外の素人だからこそ、その方々をまとめることができるわけです。

同じ専門家同士では、そうはいきません。専門家から離れた場所に立っている、素人だからできることです。

これは講演でも話しているのですが、結局、起業に専門性は必要ないのです。

第3章で書いてきたように、人脈も、学歴も同様です。あるいは資格や実績も不要。

もちろん、無いよりはあったほうがいいです。でも、絶対に必要なものではないのです。

お金は、少しは必要です。でも、そんなにたくさんは要りません。多少の事業資金と、当面の生活を支えるお金があればOKです。

なぜなら、別に豊富な資金がなくても、出資者を見つければ良いわけです。あるいは融資という手段もあります。さらには、行政からの助成金だって申請できます。

たいしてお金をかけなくても、起業できるのです。

起業のすすめ、心に想うチャンスを逃すな

専門性は必要ない。学歴も、資格も、人脈も、実績も必要ない。

資金もたいして要らない。少しあればいい。

……こう書くと、

「起業って、そんな楽なものなのか?」

「つまり、ちょっとだけ金持ってりゃ、何の能がなくてもできるのか？」

などと思われるかもしれません。

むろん、それは誤解です。

起業にも、絶対必要なものがあります。それは、次に挙げる①から⑧までの要素です。

①コンテンツ作成力（イノベーション）……魅力的なコンテンツを作成することは、起業において８割ぐらいを占める最重要事項です。それができずに起業することなどできません。
顧客のほうから「売ってください！」といわれるような商品。その業界で１番の中身を持つ商品。高い付加価値を持つ商品。利益率の高い商品。

そのようなコンテンツを作成すれば、成功をつかみとることができると思います。

私が年商１００億円に迫っているのも、リライブシャツに魅力があったからにほかなりません。

②集客力（マーケティング）……良いコンテンツを作成しても、それだけではまだ不十分。
そのコンテンツを広告し、集客しなければビジネスは成り立ちません。経営学者のピー

ター・ドラッカーも、「イノベーションとマーケティングが成功の二大要素」と言い切っています。

営業しなくてもどんどん注文が入ってくる。集客にあまり経費がかからない。「良い商品だった」と顧客から感謝される。

そのようなマーケティングができれば、理想的だと思います。

ちなみに私は、以前は営業マン無しでやっていました。全て注文です。マーケティングを上手にやれば、そういう集客ができるのです。

リライブシャツを販売してからは、お客様から感謝の声が数えきれないほどたくさん来ています。うれしい限りです。

③コミュニケーション能力……これは、起業に限らず、生きていくために必要な能力だと思います。

相手の話を心を開いて聞き、相手が本当は何を望んでいるのかを見極めることがとても重要です。話し合いは大部分の時間、聞き役に回って相手に話させることです。

そのうえでお互いが幸せになれる公平で公正な提案を誠実に伝えましょう。

相手が望んでいることをそのまま提案できれば相手は喜びます。

あなたが話す時は心を開いて、アイコンタクトを使いながら、笑顔でゆっくり間合いを取って話しましょう。

それができたらきっとコミュニケーション力は上がります。

後述しますが「敵を作らない話し方」も大事な点です。

④誠実さ……誠実でない人間に、人はついてきません。人がついてこなければ、起業などできません。誠実で嘘をつかない。約束を守る。相手の感情をいつも尊重する。などをいつも念頭に置いて行動することが重要です。

⑤粘り強さ……起業は七転び八起きです。トラブルやうまくいかないことなどは毎日のように起こります。
どんな時にも投げ出すことなく粘り強く努力を続けていきましょう。私の好きな言葉は「高い壁は乗り越えるとあなたを守る砦となる」です。

⑥責任感……起業とは、他人に信頼をいただき、壁を乗り越える作業の連続です。高い志と責任感を持つことで他人から信頼をいただき、それによって壁を乗り越え道を切り開くことができます。

⑦勉強熱心さ……勉強熱心でないと、起業は必ず失敗します。ビジネスについて、商品について、業界について、法律について、その他もろもろのことについて、勉強しなければなりません。

専門家である必要はないけれど、起業家は広い範囲の勉強が必要です。

⑧少々の資金……先ほど書いた通りです。少しの事業資金と、生活していくための蓄えは必要です。

以上、起業に必要な要素を羅列しましたが、わけても重要なのが①と②です。

コンテンツ（イノベーション）の作成とマーケティングのやり方さえ知っていれば、新しいビジネスをつくり出すことができる――とさえ言えると思います。

③から⑧までも重要なのですが、⑧以外の要素は、社会人として身につけるべき常識でもあります。いや、⑧も、先のことを考え貯金することは当然ですので、常識といえば常識です。

ですから、**一言で言ってしまえば、「あなたがしっかりしていれば、起業しても大丈夫」ということ**です。

自信を持つことは、決して難しくない

ここまで書いて、大切なことを忘れているのに気がつきました。

起業に絶対必要なものが、もう一つあります。

それは、自信を持つことです。

人間というのは、いつも最悪のことを考える動物です。自分の弱いところをフォーカスしがちです。

例えば学校の先生に呼び出されて、

「お前、何で呼ばれたかわかるか？」

と言われたらどうでしょう。

〈何をほめられるんだろう？〉

なんて期待する人はまずいません。

〈何がバレたんだろう？〉

と悪い方向に考える人がほとんどだと思います。

起業をやろうと計画しても、周囲から、

「できるわけねえじゃねえか」

「お前、事業なんてやったこと無いし力も無いし金も無いじゃないか」

などと言われたら、どんどんへこんでいって失敗したり、断念したりしてしまう。そういうケースが実際にあります。

周囲に何も言われなくても、

〈俺、金も人脈も無いし、専門性も無いし〉

などと卑屈になって、やはり失敗したり、断念したりしてしまう。そういうケースだってあるでしょう。

しかし、「自信」があれば大丈夫です。

〈自分はやれる〉と信じていれば、何事にも積極的に取り組むようになるのです。

成功した自分を想像しているから、コンテンツを考えたり、アイデアを考えたりすることが楽しくなる。で、実際に、名案が浮かぶ。マーケティングもきっちりやるようになる。

自信を持つと、こうした好循環が生まれ、自然、起業が成功する確率も高まるのです。

「俺がやることだから大丈夫。絶対に成功する」というぐらいの人のほうが、起業は成功すると思います。

むろん、あまりうぬぼれてはダメですが。

イノベーション、マーケティング、自信……起業において、絶対必要なものを述べてきました。

次の段階として、**成功できるビジネスモデルを説明しましょう。**新たに起業する場合、かなり参考になると思います。

①地域をしぼる……いきなり東京などの大都市で始めると、天才やら、一流経営者やら、

凄い人たちの中に踏み込んでいくことになります。もしそれが難しいと考える場合には地方から行うという選択肢もあります。

ですから、例えば仙台で、とか、宮城県で、とか、地域を決めることです。そうすれば、強い競争相手が急激に減ってきて、新参者でも勝負できるようになるのです。

東京などの大都市は、全国から凄い人たちが集まっています。

そういう激戦区は避け、ライバルも競争も少ない地域でスタートしたほうが、無難だと思います。

②分野を決める……これは、最も重要なことかもしれません。起業する分野を間違えたら、全てが終わる、といっても過言ではないと思います。

眠れないほど悩んでいる人がいる分野。強い企業がいない分野。需要があるのに供給が無い分野。

そのような分野を探すことです。

自分のやりたい分野で起業するのは、あまりオススメできません。あくまで顧客の視点で考えて、分野を決めるべきだと思います。

③ソリューション（解決策）をつくる……これも、分野を決めることと同じぐらい重要です。

業界の隅っこ、盲点、歪みを見極め、慣習に染まったプロや既存企業にはできない解決策。凄く安い、凄い保証がついている、凄く便利など、自分にしかできない技、売り、解決策。何か新しいものを採り入れた解決策。

そのようなソリューションをつくることです。

例えば「食べ放題」というのは、「いくら食べても同じ値段」との〝凄い保証がついている〟わけです。あれを考えた人は、天才だと私は思います。

④環境を確認……これは要するに、法律を確認することと、自分がワクワクするか？ということです。

例えば誰かの相続税を個人的に計算したら、相続税法違反に問われることがあります。起業する際は、その分野に関する法律やルールを、調べておかなければなりません。

また、仕事をしていてワクワクしなければ、そのビジネスはやめたほうが無難だと思います。良くないことが起こる虫の知らせ、ということもあります。

長くビジネスを続けるためにも自分が楽しくないことは、ビジネスにすべきではありません。

⑤体制を構築……これは、キャッシュポイントをつくるということと、ABCのAのプロになるということと、プロとJV（ジョイントベンチャー＝複数の企業が互いに出資して協力して事業をやること）を組むということです。

キャッシュポイントとは、収益を生み出す機会のことです。この作業をやれば確実にお金が入ってくる、という体制をつくることが大切です。

ABCのAとは、マーケティングでいうABC分析のこと。ABC分析とは、売り上げなどを重要度の高い順にグループ分けする方法です。

例えばエクセルにおいて、使う頻度が高い順に、全ての機能を並べてみる。機能を順番に並べたら、次はABCという3つのグループに分けていく。

上位３分の１がＡ、真ん中の３分の１がＢ、下位の３分の１がＣというふうに。

これを棒グラフにすれば、Ａは使う頻度が高いグループの集まりですから、グラフも高くなる。Ｂは中くらいの高さ、Ｃは低い。

この、最も使う頻度が高い、Ａの部分のプロになれ、というのが私の考えです。

そうすればお客様の要望の80％に対応できますし、習得する時間も短くて済みます。

専門家の場合は、ＡＢＣ、全ての機能を理解していないとダメですが、われわれ素人は、Ａだけ精通していればよい。最も使う部分に通じていれば、仕事は上手くいきます。

プロとＪＶを組むというのも、この流れです。ＡＢＣのＡの部分は自分でやり、残るＢとＣのところは、専門家に頼めばよいのです。

……以上の「成功できるビジネスモデル」を意識することで、起業が成功する確率はぐんと高まると思います。

どれも、私自身が起業・経営していく中で、体得したものばかりです。なので、机上の空論ではなく、即戦力で使える知識だと自負しています。

とはいえ起業とは、簡単なことではありません。ハードルが高いと感じる方も多いでしょう。

けれども、新規分野で起業することは、実は素人の強みを活かせる面もあるのです。例えば、ＡＩのコンサルタント。

Chat GPTなどのＡＩが出て、世界中にパッと広まると、コンサルタントが登場しました。

これは、起業したと同時に、業界ナンバーワンになるわけです。他に、誰もやっていないのですから。今、わがリライブシャツも同様です。アパレルや身体の素人である私が、新規分野に参入し、この分野の１番になった。リライブシャツをつくっているのはわが社だけですから当然です。

素人が始めて、いきなりトップになれる。これは、起業の醍醐味だと思います。

思い込みが無い、顧客視点に立てる、業界の歪みに気づきやすい……等々、素人には素人の長所があります。

起業を選択肢に入れている方は、先入観を持たず、卑屈にもならず、されど慎重に、冷静に、考えてみてください。

敵を作らない話し方を学ぶ

しばらく起業について書いてきましたが、**起業や経営のみならず、ビジネス全般において重要な要素が「話し方」です。**

プレゼンテーション、交渉、会議……話し方次第で、結果や評価が変わってくることはままあります。

ありがたいことに、私は「話し方が丁寧」「聞きやすい」と言われます。令和の虎に出た際も、虎の方々が、話し方を評価してくださりました。

「オール」を勝ち取れたのも、リライブシャツのクオリティのみならず、話し方の良さもあったのでは――そう言ってくださる方もいます。

第1章でも書きましたが、**以前から私は、「話し方」を学んでいます。**また、教えることもしています。

さらに、これまで15年に渡って、様々な形で、人の相談に乗ってきました。その数は、約２０００人に達しています。

ですから私は、「話術のプロ」ではありませんけれど、「話し方」について書く資格が、一応はあると考えています。

そこで、**他ではあまり触れられない話術のポイントを、紹介したい**と思います。

アイコンタクトを取る、魂で話す、潜在意識に働きかける……こういった話は、第1章で述べました。

そこで、今度は「答えは言っちゃいけない」ことについて、説明したいと思います。

答えは言っちゃいけない。

なんて唐突に書かれても、意味不明でしょう。

これは、私が約2000人の方々から相談を受けた結果、辿りついた結論なのです。

なぜ、答えを言ってはいけないのか。

それは、**答えを言ってしまうと、自分の意思で動いたことにならないからです。**

ですから私は、相談に乗っても「答え」を言うことはしません。

確定している事実を話すことと、そこに行くまでのプロセスの考え方を教えること。

私が教えるのは、この2つです。

相手の思考や感情を傷つけてはならない

例えば企業からいくつかもらった若者があなたに就職先を決める相談をしたとします。ある人は「A社が給料が高いからそこがいいよ」「B社は有名だから安定している」といった言い方をします。しかしそう言われた若者はどう思うでしょう。彼には彼の価値観があります。そこを聞かずにアドバイスする人のいかに多いことか。

私なら「あなたは自分の人生をどのように生きるか決めていますか?」「あなたは何を大事に生きていきたいですか?」「どの会社が雰囲気がよかったですか? なぜそう思いましたか?」などの質問を重ねることでその人の価値観、人生の目標などを聞いて彼の立場で最善の選択を一緒に考えます。

相手の思考や感情を傷つけてはならないし、こちらの価値観を強制してもいけない。

それだけではなく、相手の思考をこちらの言葉で変えてもいけないのです。

ですから私は、相手に質問して価値観を把握し、それを具現化するために一緒に考え、必要な情報だけを提供します。

「ここに行くべき、これをやるべき、あれをやったほうがいいと思う」などという言い方はNG。

「あなたの考えをまとめるとあなたは○○が大事なのかな？　そうすると、この会社が一番合うということですね。」というふうに言うのです。

「こうすべき」だの「これがいい」だの「答え」を言ってしまうと、嬉しい反面、強制されたような感じを受けるのです。

しかし、「あなたはこう思っているのですね」といった言い方なら、相手の意思を尊重することになる。ここが大事なのです。

もし相手が間違った判断をしている場合には相手に話す許可をとって相手が間違った判断をしているという証拠となる客観的な事実を伝えます。

そうすれば相手は強制されたとは思いません。

例えば「あなたは高給が望みと言っていますが、この会社の公表されている数字では20年後の給与はあまり高くないと発表されていますよ」

「家の近くの会社が良いとのことですが、この会社は支店が県外にもありますね。転勤がないことを確認したほうが良いと思います」といった具合です。

話し方ひとつで、色んなことが変わっていくのです。

答えを言わない。この私のやり方は、突き詰めていけば相手を「認める」ということです。

相手の意見も姿勢も認めて、そのうえで相手が望む情報を提供する。

これだとコミュニケーションが円滑に進み、お互い良い気分で、会話を終わることができるのです。

再び例を挙げましょう。子供が学校のテストで１００点をとってきた。この場合、誰もが「凄い」としか言いようがないです。ですから問題ない。

でも、90点だったらどうか。この場合は、意見が２つに分かれます。

１００点に10点足りなかったことを責め、「何で90点しかとれなかったんだ？」と言う人。

反対に、「90点ってすごいね」とほめる人。

相手に寄り添った話をしたい時にはどちらの話し方が正しいか？

私は、どちらも改善の余地があると思います。

なぜなら子供にも「90点では不満だ」という考えと「90点で誇らしい。ほめて！」という場合があるのです。

「君は90点もとったんだね」——まず、こう話して、相手を「認める」のが良いと思います。

相手が「平均点が70点だった」と言ってきたら、「20点も多かったんだね。すごいね」と言います。この子は褒めて欲しい子だからです。

「A君は95点だった」と言ってきたら、「そうだったんだね」で終わり。この子は上を目指している可能性があります。

ですから、相手とぶつからないように、単に「君は90点もとったんだね」だけでいいのです。それだと絶対にぶつかりません。これが、「認める」ということです。

このように、相手の話を認めることは、相手の状態を確認することにもなります。

「90点とったんだね」と認めたうえで、望みや目的を聞いていく。望みや目的がわかったら、それを達成するためにはどうすればよいか、一緒に考えていく。

その際、重要なのは、「事実を伝える」ということです。

例えば子供が、偏差値70の難関有名中学を志望していたとします。

こういう場合は、

「90点だと、偏差値はどのくらいになるのかな？」

と確認する。で、相手が
「偏差値だと63ぐらい」

と答えたら、次のように応じるのです。

「実は君の希望する中学校は偏差値70だね。偏差値が70とは、テストでは97点を意味するんだ。90点もすごいけど、次はさらに7点とるために頑張ろう！」

これなら否定になりません。

客観的な事実と、必要な情報を伝えているだけです。

いきなり「97点とらなければだめだ！」という会話とは全く異なる印象にお気づきだと思います。

相手の話をまず認める。次いで状態を確認する。続いて事実を伝え、何が必要かを共に考えていく
もし相手の判断が間違っている場合、話す許可を取ってから相手の間違いを示す客観的

な証拠だけ提出する。

――こういう段階を踏めば、相手を傷つけることなく、最良の道を見つけ出せるのです。

この方法なら相手はよろこびますし、こちらを信頼してくれます。

相談も、営業も、交渉事も、コーチも、全部一緒です。話し方ひとつで、信頼されたり反発されたりしますから、読者の方に参考になれば幸いです。

コンプレックスを武器に変える

ところで、たくさんの方々から相談を受けていますと、コンプレックスを持つ方が多いことに気づきます。

傍から見れば、なぜそんなことに、と思えるようなことにも、本人はコンプレックスを抱いている。

そういう方が、案外多いのです。

それゆえ、**コンプレックスを役立たせる方法**を、述べていきたいと思います。

コンプレックスを持つのは、必ずしも悪いことではありません。持ち方次第で、自分のプラスになるものです。

コンプレックスとは、簡単に言えば「自分に足りないもの」のことです。足りないから欲しがる。

ということは、考えようによっては力になるということです。足りないものを手に入れようと頑張れば、成長することができるわけですから。

「俺はこういう足りないところがあるから努力する」というのは良いコンプレックスです。

私自身、大学を出ていないからこそ、一生懸命勉強したのです。

ダメなのは、自己肯定感を下げることです。私でいえば、俺高卒だからダメだとか、虚弱体質だからダメだとか、髪の毛薄いからダメだとか。

自己肯定感が下がっていくと、どうせ俺なんか、と卑屈になる。そうなると、やる気もなくなってくるうえに、他人のために何かをすることもできなくなる。これは悪いコンプレックスです。

さらに悪いのが、というか最悪なのが、「お前はこのレベルしかできない、これがお前の分相応、他は分不相応」と決めつけて、絶望させてしまうことです。

親や立場のある人にこんなことをやられたら、潰れてしまう人も出てきます。

さらに多くの人は自分自身に対してこうした言葉をかけてしまいます。

人は何事も、やってみなければわからないものです。この私が100億円企業の社長になるなんて、いったい誰が予想したでしょう？　それと同じで、**能力や将来性など、容易にわかるものではない**のです。

ですから、安易な決めつけは、絶対にしてはいけません。また、そんな決めつけを、絶対に受け入れてはなりません。受け入れたら終わりです。

一つ、面白い例を挙げましょう。

今、日本で1番注目されている方のお話です。

野球の本場・アメリカにおいて、投打二刀流で大活躍しているスーパースター。

そう、**大谷翔平選手です。**

実は、大谷選手が高校に入学した時、同期でナンバーワンの選手では無かったそうです。

彼より上手い、太田という選手がいたのです。

なぜ私が知っているかというと、何とわが社に大谷選手が通っていた花巻東高校の女子野球部監督の息子がいるからです。

さらに、そのつながりで、大谷選手より上手かった太田選手の奥さんも、わが社にいます。

つまり私は、2大名選手を間接的に知っているわけです。

それはいいとして、高校時代の話を聞くと、入学当初は太田選手のほうが大谷選手より上だったとのこと。

もちろん大谷選手も凄かったそうですが、体が細くて今のようなパワーは無かったらしい。

なので、総合的には太田選手のほうが一枚上だった。当時を知る人たちは、「大谷世代の太田」ではなく、「太田世代の大谷」と言っているそうです。

つまり大谷選手は、同学年で自分より上の選手がいたから、敢えていえば「コンプレックス」があったから、より頑張ることができたと想像できます。

トップを僅差で追いかけて、必死で頑張る。やがて追いつき、追い越して、ついには世界のトップになる……。

あれほどのスーパースターにも、同級生と切磋琢磨していた時代があったのです。その努力が花開き、空前絶後であろう大活躍をしているということです。

「足りないことがあるから頑張る」というコンプレックスは、高い

モチベーションになる。生きていくうえで、実は役立つものなのです。

読者の方が、**もし何らかのコンプレックスを抱いていたら、それをバネにして、努力すれば良い**のです。

虚弱体質だったこと、営業下手なこと、学歴が高くないこと……私も色んなコンプレックスの中で、努力してきたつもりです。

というか、年商100億円を目前にし、世間一般の基準で見ればお金持ちになった現在も、ゆとりなんかありません。

コンプレックスとは少し違うかもしれませんが、もっと困っている人を助けたいとか、今のままじゃまだダメだとか、常に精進する毎日です。達成感や満足感などは全くない。

そもそも私は「世界中の人たちが心身ともに健康で幸せな生活を作り上げることに寄与する」という志を立てて起業しました。

ですから、国内での年商100億円で浮かれるわけにはいかない。日本だけを見ても、目標である2000億円に、あと1900億円も足りないのです。これを埋めていくため、もっともっと頑張らねばならない。

高校入学当初の大谷選手の実力は、太田選手より少し低かったかもしれませんが、私は目標の20分の１しか届いていないのです。そう考えると、もしかしたら私は、大谷選手以上に努力が必要なのかもしれません。ちょっと冷や汗が出ますが……。

一応、経済的には余裕が出てきてはいます。とはいえ、昔は８００円が上限だったランチが、１２００円に上がった、とかその程度です。

この前も、高校の時の友達が、リタイヤしてたまにクルーザーに乗っている、との話を聞き、「うらやましいな」と言ったばかりです。私より余裕、ゆとりのある人は、それこそ数えきれないほどいるでしょう。少し話が逸れてしまいましたが、要するに、私はコンプレックスをバネにして頑張ったわけです。

あの大谷選手さえ、自分より上の選手がいたからますます頑張ることができた。

何かにコンプレックスがあるのなら、それに引け目を持つのではなく、それを補うために努力すればいいのです。

私は高卒で、虚弱体質でまともに就職できなかったために、真剣に悩み、努力を続けてきました。もしかしたらコンプレックスが大きかったから今の立場が与えられたのかもしれない。そんな風に考えています。

「運」を味方につけるには

本章の最後に、「運」について書きたいと思います。

運とは、ビジネス全般においても、人生においても、重要な位置を占めているものだと思うからです。

私は自分のことを、「運のいい人間」だと考えています。

リライブシャツを開発できたこと、岩井良明さんと出会えたこと、他にも様々な出会いに恵まれたこと……。

虚弱体質で人一倍、苦労した一方で、幾多の幸運にも巡り合えた、と思っています。

なぜ私が幸運だったのか。それを書く前に、運とは何かを定義しましょう。

私は運を、「本人が意図していないところで良いことが起こる」と定義しています。

つまり、何か外的な力が働いている、ということです。

では、**外的な力**とは何でしょう？

私は2つしかないと思います。

1つは、神様が（つまり偶然が）何かやってくれたか。もう1つは、人間が何かやってくれたか。

後者の、人間が何かやってくれた場合というのは、結局は「好き嫌い」だと思います。

親しいあいつがやっているから話をつないでやろうとか、手伝ってやろうとか。

好き嫌いはどのように決まるか。1番の要素は、「自分に何かしてくれた」ではないでしょうか。

あいつは自分にこれだけのことをしてくれた、だから自分はあいつが好きだ、好きなあいつが何かやろうとしているから力を貸そう——ということだと思います。

でも、これはある意味バーターです。

自分が相手のために何かしたから、相手も自分のために何かしてくれた、ということ。

ですから、純粋な「運」ではないかもしれません。

それでは、**もう1つの外的な力、「神様が何かやってくれた」場合**はどうでしょう。これは人知の及ぶところではありませんから、まぎれもなく「運」だと思います。言い方を変えれば、神様はどんな人を助けたいと考えるのか。

神様が助けてくれる人とは、どんな人か。

私は、人間と同じだと思います。

ぜいたくな生活をしたいから。他人にいばりたいから。というだけの人間を誰が助けたいと思うでしょう？

神様も、こんな人間を助けようとは思わないはずです。

逆に、他の人のために誠実に頑張っていて、腰を低くしていて、つましい生活をしていて、真面目に誠実に生きている人間がいたらどうでしょう？

神様も、助けたくなるのではないでしょうか。

営業の社員にも、「ウソをつかなくていい、隠さなくていい、騙さなくていい、誠実にお客様に対応しなさい」と言っています。実際、それで十分に会社は成り立っています。儲かっています。

ですから私は、これからも自分に「幸運が巡ってくる」と信じています。私利私欲のことなど考えず、誠実に、真面目に、高い志を持って生きているからです。

第5章

100億円の壁を超えて見えてくるもの

もっと高い志を掲げることで、
コンフォートゾーンを広くとっていく。
高い志を持てば、今が途上だとわかる。

壁を超えるとみえるもの

人生には、いくつもの壁があります。

例えばお金であり、例えば人であり、例えば試験であり、例えば環境であり……一口に「壁」といっても、色んな種類の壁があるわけです。

ビジネスにも、いくつもの壁がある。私はそれを「段階を踏んでいくこと」だと捉えています。

いま読者の方が手にとられている「本」を例に、説明してみましょう。

世の中には、売れる本と売れない本があります。

でも、20万部のベストセラーになった本と、3000部しか売れなかった本とで、つくり方を変えたかといえば、そんなことは無いはずです。

出版社としては両方とも、いや、出版した全ての本を、全力投球でつくったに違いありません。

そして、それらの全ての本を、ベストセラーにしたいと思っていた。これも間違いないと思います。

私もこれまで携わってきた全ての事業に、全力で取り組んできました。経営者とは、常に全力を尽くすもの。特に「ものづくり」の場合は、目に見える、わかりやすい形の商品ですから、手を抜くことなどありえません。

しかし、現実には、**商品によって売り上げに差が出る**わけです。どれも全力を尽くして製作して、品質も一定以上のものばかりなのに、**売れる商品と売れない商品が出る。**

つくる側のマインドや、ビジネスモデルは変わっていないのに、なぜ結果が変わるのか。

それが、まさに「壁」だと思います。

具体的には、お客さんをどうフォローアップしていくかとか、どう満足度を上げていくかとか、メディア戦略を立てるとか、銀行などとのつながりとか、周囲の環境やつながりとか、そういったものです。

このように、商品開発の次の段階を踏んでいくこと。それが、壁を乗り越えることだと思います。

リライブシャツの場合、最初は既製品のシャツを流用していました。むろん、手抜きなどはせず、一生懸命つくってはいましたが、オリジナルシャツになるのは途中からです。社員数も、今以上に少なかった。10億円企業になった時でさえ、正社員は3人。他に派遣社員が2名、あとは私と家内です。

ですから、電話対応などが遅れてしまうなど、顧客のフォローアップの点で不十分なところがありました。「壁」にぶち当たっていたわけです。

しかし、そういう**壁を一つずつ乗り越えていって、売り上げが伸びる**と、もろもろの状況が変化していきます。

製品の品質も良くなるし、人も集まってくる。お客様への対応もスピーディーになるし、段取りもスムーズになる。周囲の環境も改善します。で、売り上げもさらに伸びる。好循環となります。

「壁」を乗り越える前と後で、ビジネスモデル自体は変わっていません。既製品の流用からオリジナルになった、等々の品質向上はありました。けれども大きな枠組み、体制といったものは従来のままです。

変わったところは、**マインドセット。つまりモノの見方**の部分です。

どういうことか、よく使われる例を使って説明しましょう。

幅10センチの平均台が、部屋に置いてある。これを1メートル歩くことは、誰にでもできます。

ところが、平均台の幅を30メートルにして、2つのビルを渡したらどうでしょう。普通の人は歩けなくなります。

これは、いわゆるコンフォートゾーンを逸脱したからです。コンフォートゾーンとは、**本人がストレスを感じず、安心だと感じている領域のこと**です。

床に置かれた1メートルの平均台なら歩けても、ビルにまたがった30メートルの平均台は歩けない。大工さんやとび職の人は別にして、普通の人は「安全でない」と感じるからです。

売り上げが上がるということは、この平均台の高さが上がるということに似ています。

コンフォートゾーン、つまり「安心・安全だ」と感じる領域を広げないといけない。そうしないと、売り上げが上がって状況や環境が変化した時に、ペースを崩すことになりかねません。対応が遅れたり、気後れしたりして、従来通りの仕事ができなくなることがあるのです。

要は、壁を超えられなくなる。

「この仕事を通じて社会貢献」などと言っていた人が、急に何億円と入ってきた途端、夜遊びを始め仕事がガタガタになり、元の状態に戻ってしまう……こんなケースがよくあります。

こういうのは、環境の変化についていけなかった典型例でしょう。平均台の高さが上がったことで、怖くなって潜在意識が元に戻したのだと思います。

それまでは床に置いてある1メートル、2メートルの平均台を歩いていたのに、ビルをまたいだ20メートル、30メートルの平均台を歩くことになった。それに耐えられず、つまり壁を乗り越えられず、夜の街へ逃避して元に戻した、ということです。

平均台が上昇しても耐えられるように、**コンフォートゾーンを広げておくことが大事です。**

私の場合、「高い志」を掲げることで、コンフォートゾーンをうんと広くとっています。

日本で年商2000億円、海外でも年商2000億円。

この目標を達成できれば日本中、世界中の人が今よりも元気になれます。

このような高い志、高い目標を持っていますから、今の「年商１００億円」は、コンフォートゾーンの枠内です。

私は「まだ二合目」と言っていますが、全然満ち足りていませんし、怖いとも思っていません。もちろん、欲にまみれてもいません。

むしろ、前にも書いた通り、「もっと頑張らなければ」と奮起しているぐらいです。

読者の方も、もし壁にぶつかっている状態でしたら、高い志を持つことをお勧めします。

高い志を持てば、今が途上だとわかる。コンフォートゾーンが広がり、平均台が上がっても、怖くなくなるのです。

飛行機は、上がっていく時が最もエネルギーを使います。上がっていくということは、もっと高い所へ行こうとしているわけです。今の状態は十分ではない、より高く、と思っているから、上がっていく。止まったら、その瞬間落ちていく。

ビジネスでも、ファイア（早期リタイア）を考えて、起業するという人がいます。何億円か貯めたら、残る人生は資産運用かなんかで悠々自適に暮らす、というわけです。

ビジネスをする理由は、人それぞれ、様々です。ですから、そのような考え方も、あってよいと思います。

でも私は、そういう道は選びません。ファイアしてしまったら、そこで飛行機は低空飛行になり、やがて落ちていく。人生も、そこで終わってしまうと考えます。

せっかく起業して、高く飛び立てたのだから、私は高い志を持ち続けたい。リライブシャツを世界中に広め、肩コリや腰痛に苦しんでいる人たちを助けたい。世界を救いたい。平和にしたい。

まだ二合目とはいえ、年商100億円の段階まで来たのも、困っている人を助けるビジネスをしているおかげだ――。

私はそのように、思っております。

最終的な目標は世界平和

実は私の最終目標は世界平和です。

世界を平和にしたいとか、世界中の人たちを助けたいとかいうと、「自分には参考にならない」と言われたり、「高い志というのは、そこまで大きな目標でないとダメなのか」と言われたりします。

いいえ、**無理に大きな志を持とうとする必要はありません。**

いちばんパワーが出る、いちばん心地よい、いちばんしっくりくる、そういう志を掲げ、それに向かって邁進すればよいのです。

第３章で、腕相撲の話を書きました。

２人の人間に、それぞれ
「私は、世界中の人々を助けるために、仕事を頑張ります」

「私は、自分が遊ぶために仕事を頑張ります」

と言わせてから腕相撲をやると大部分で前者が勝つと。

志を設定する際も、この特別な腕相撲をやってみて、何が1番自分に向いているか、試してみてください。

「世界中の人々を助けるために」でも良いし、「家族のために頑張る」でも良い。

「日本のために頑張る」でも良いし、「地元のために頑張る」でも良いです。

1番パワーが出るテーマに、フォーカスすることです。

ある人は、「世界のために頑張る」だと力が出ず、「アジアのために頑張る」だと力が出ました。その人は、実は大学で、アジアへの支援を研究している方だったのです。

無理に志を設定しても、力が出ないケースがある。あくまで自分に合った、自分が納得できる、自分が1番力を発揮できる志を決めることです。

高い志を持つことは、コンフォートゾーンを広げるだけではなく、時に能力以上のパワーを引き出します。

腕相撲がまさにそうですが、もっと大きな例を挙げれば、明治維新がそうです。

長州の中でも馬鹿にされていたような、下級武士たち。

ところが、吉田松陰の薫陶を受け、高い志を抱いたら——。

彼らは、歴史を動かしてしまったわけです。

でも志士全員が歴史を変えたり、天下を取ったりするほど優れていたとは思えません。

やはり、高い志を持ったからこそ、維新回天の偉業を成し遂げられたのだと思います。

私自身、自分に凄い能力があるなどと、全く思っていません。長年蓄積した事業のノウハウ等は、多少あります。でも、それだけです。

そんな私でも、高い志を持つことで、リライブシャツを開発できた。そして、年商１００億円の地点まで来ることができた。まだ先は長いですが、**高い志を持てば、思わぬ力がでる**ものなのです。

ここで、世界平和とリライブシャツの関係について説明しておきます。

「世界平和とリライブシャツと、どう結びつくんだ?」と問われたこともあるからです。リライブシャツで世界中の人たちを助けたい、救いたいというのはわかる。でも「平和」とは、何の関係があるんだ？　というわけです。

これは、産婦人科医の池川明先生が映画「かみさまとのやくそく」で紹介しているのですが、**人間は皆、使命を約束して生まれくる**のだそうです。そしてその使命とは他人の役に立つことなのだそうです。

ということは、死後に、生きている間に使命を果たせたかを検証されるのかもしれません。

実際にそうなるかは、私にはわかりません。

しかし**私が約３０００人に試した経験から言いますと「私は使命をもって生まれてきました」と言って腕相撲をやると、「私は使命をもたないで生まれてきました」と言うときより腕相撲でほぼ１００％の人が強くなったのは事実です。**

多くの人が自分の使命を知れば、今より平和な時が来るのではないかと私はワクワクしています。

そして、私は自分の使命を、「リライブシャツの力で、世界中の困っている人たちを助ける」ことだと自覚しています。

リライブシャツを着れば、身体のコンディションが改善される。ぐっすり眠れて、体調が良くなる。元気になる。

世界中の人たちが、リライブシャツを着て元気になれば、世界は平和になると思います。

私はそう思っています。

で、あの世へ召された時、私は反省会で胸を張るつもりです。

「リライブシャツをみんなに広めて、世界を元気に、楽しく、平和にしましたよ！」と。

お金でブレない人間になる

言うまでもなく、お金は大事なものです。

しかし、**お金を価値の基準に置くと、２つの問題点が出てきます。**

１つは、金額を目標にすると、それを達成した時点で、次の展望が見えなくなることです。で、仕事に対するモチベーションまで、下がってしまうのです。

もう**１つ**は、お金の魔力にやられることです。金持っとるぞ、なんて自慢し出すと、途端に誰も手伝ってくれなくなります。

この２つの状態に陥ることを、私は「お金にブレる」と呼んでいます。

金持ちになって、たまに銀座へ遊びに行くのは良いです。高級時計をするのも良い。

特に高級品の場合、身につけるとビジネスのプラスになる面があります。

ビジネスは、「信用」が大事です。

この会社と取引して大丈夫か、この人の言葉を信じて問題ないか。

「信用」が無ければ、どこも取引してくれません。

その点、高級品は、信用を担保してくれる面があるのです。

「飲食店を4店舗やってます」と言っても、口先だけと思われることもあります。「ビル持ってます」と言っても、登記簿を見せるわけではありません。

しかし、ある程度の車に乗ってそこそこの時計をしていると、

「ああ、そこそこ稼いでる人なんだな」

と、それなりに信用されるのです。実は私自身も以前はそのようにしていました。

でも、それを自慢したり見せびらかしたり、連夜豪遊することが目的となるのは疑問に思います。

「俺はすげえぞ、偉いんだぞ」なんて自慢してしまったら、その瞬間、人望がゼロになり、想像以上に反発を買います。のみならず、自分自身も成長しなくなってしまいます。

成功は周りの協力があって初めて成り立ちます。

ですから、**金銭的に余裕が出てきても、常に腰を低くすべき**です。

実るほど頭をたれる稲穂かな、という言葉がありますが、あの通りです。儲かれば儲か

るほど、事業が発展すればするほど、頭をたれなければなりません。

これは単なる世渡り術ではなく、人としてあるべき姿勢だと思います。

自分に関わる人たちと一緒に分け合える状態をつくっておくことも大事です。

そうすればみんなとずっと一緒に幸せになれます。

「本当にすごい物は売れない」の法則を破る

令和の虎に出るまで、リライブシャツがほとんど売れなかったことは何度も書きました。

「魔法のジュウタンを開発した」といって売り込んでも、誰も買ってくれないとも書きました。

結局、**人間とは、自分がすでに認識しているものしか、認識できない**わけです。

苫米地英人さんの著書でフランス人が料亭に来た時、そこに飾ってあった風鈴に気づかなかったという話があります。

「チリン、チリン……」と鳴っても、風鈴自体を知らないから、音も外見も認識できない。で、認識していないものが目の前に現れたら、「怪しい」と思うわけです。

人の評価も同様です。小学校3年生がテストで100点をとれば、両親も先生も褒めてくれます。

ところが、小学校3年生が大学入試の問題を解いたら、急に怪しくなる。

しかし、世の中には天才がいると知ったり、天才教育のメソッドを学んだりすれば、「あの子は凄い」となるのです。

「天才」の存在を認識したことで、その小3の子が認識の範囲内に入ったからです。

凄い物は売れない、というのも同じことです。人の認識、概念の範囲を超えているから売れないのです。

リライブシャツがはじめ売れなかったのも、そういうことです。

着ただけで肩コリや腰痛が改善するなんて、普通は認識していない。似たような商品も無いから、既存のものと関連づけて考えることもできない。

ですから、そのような商品が、実際に目の前に現れても、「怪しい」と一蹴してしまうのです。

リライブシャツを、リカバリーウェアの一種として売っていたなら、もっと早く売れたと思います。リカバリーウェアなら、みなさんの認識の範囲内なので。

しかし私は、リライブシャツは必ず売れると思っていましたし、単なるリカバリーウェアとは根本的に違うと思っていたので、新しいカテゴリーをつくったわけです。

おかげで「怪しい」と思われ、しばらく売れませんでした。が、やはり、**リライブシャツとリカバリーウェアとは別物**です。

着ただけで元気になる、着ただけでパワーが出る、というのはリライブシャツだけなのです。

年商100億円の道を歩めたのも、新たなカテゴリーを作ったからだと思います。リカバリーウェアとして売り出していたら、そこそこ売れる程度の商品で、終わっていたでしょう。

世の中には、良い商品なのに売れていない、というケースがたくさんあると思います。

わがリライブシャツも、年商100億円まで来ましたが、まだまだ広く認識されているとは言い難い。今でも「怪しい」との声はあります。

すでにシャツの効果の検証論文なども出していますが、今後も検証作業は進めていくつもりです。エビデンスは少しでも多いほうが、信用されますから。

とはいえ、一口に検証といっても、これは時間もお金もかかる作業です。多くの人員も必要です。つまり、検証作業自体にも、ビジネスの要素があるわけです。

先に私は「私はリライブシャツで世界を救いたい、平和にしたい」と書きましたけれど、こうした志を実現するにも、検証を進めるにも、やはりお金がかかるわけです。

良いことだから広まる、信用される、とは限らない。私はビジネスマンですから、お金を稼ぎながら、志の実現や検証作業をやるしかないわけです。

楽しい仕事とワクワクする仕事の違い

ところで、私は**リライブシャツを発案してから、毎日ワクワクしていました。**

開発を始めた日から今日まで、苦労もたくさんありましたが、ワクワクしなかった日はありません。

〈いずれ、100億円産業になる日が来る〉と確信し、ワクワクしていたのです。

この原稿を書いている今も、

〈明日は、お客様からどんな声が届くかな〉

〈どれくらい注文が来るかな〉

とワクワクしています。

「楽しい」でなく「ワクワク」なのです。

ちょっと言葉の遊びのようですが、「楽しい」と「ワクワク」は似て非なるもの。微妙に違うものだと思います。

「明日、遠足に行くから楽しい」と言っても、「楽しいのは明日でしょ」となるわけです。

「楽しい」には趣向というか理屈というか、感情以外のものが少し入る。

ところが、「明日、遠足に行くからワクワクする」というのは、心の奥底から出た感情なのです。

「楽しい」とは、その時にならないと楽しくない。でも、「ワクワク」とは、その時にならなくてもワクワクするわけです。期待と言いますか、先に進む力を持っている言葉です。

この**ワクワク感というのは、ビジネスにとっても重要な要素**だと思います。

私は第４章において、「仕事をしていてワクワクしなければ、そのビジネスはやめたほうが無難」と書きました。ワクワクしなければ、モチベーションが高まりませんし、長続きしないと思います。

逆に、儲かっていないのにワクワクする事業は、粘る価値があると思います。

その仕事をしていると、なぜかワクワクする。明るい未来がイメージできる。そういう仕事なら、たとえ赤字続きでも、いずれ花開く可能性が残っているのではないでしょうか。

私はこれまでリライブシャツ以外にも、様々な事業をしてきました。コンピューター、飲食店、相続、サプリメント販売、不動産、建築検査……。

どれも、リライブシャツほどではありませんが、それなりにワクワクしていました。だからこそ、軌道に乗せられたのだと思います。

「楽しい」より「ワクワク」。儲かれば、その瞬間はどんなビジネスでも楽しいわけです。

しかし「ワクワク」は、利益に関係なく湧き上がる感情です。そのビジネスが自分に向いているかどうか、判断する材料にもなるでしょう。

先日も、外国のさる有力なビジネスマンと話していて、ワクワクすることがありました。私が

「自分はこのリライブシャツを広めて最終的に世界を平和にしたい」

と話したら、その方は

「自分は宗教のカルマを学んでいる。あなたの言っていることは、私が学んでいることと主旨は同じだ。一緒に頑張ろう」

なんて言う。

間にグーグル翻訳を置きながらの会話でしたが、それはもうワクワクしました。外国の方と志を共有し、共に頑張るとの約束ができたのですから。

何も、「世界平和」といった大きなことでなくてもいい。小さいことでもいいのです。

何でもいいからワクワクすることを見つければ、自分のパワーも続くし、やりがいも出てきます。

経営者とかビジネスマンとかは関係ない。わが社はこんな良いものをつくっている、こんな良いサービスをやっている、こんなこともできる、といってワクワクすれば良いのです。

うちの会社の人間など、皆いつもワクワクしています。

この前、某国立大学院を卒業したＮＴＴ出身のやり手がわが社の一員になりました。

「何でそんな凄いところから、わざわざうちに来たの？」

と聞いたら、

「ワクワクしたいから」

とのことでした。

既存の大企業にいてもワクワクしない、そこで起業のお手伝いをしてもワクワクしない、でもリライブシャツをつくった佐々木さんの会社なら、ワクワクできるかも――そう考えて、わが社に来てくれたというのです。

彼は今、全国を飛び回って大活躍しています。わが社に入って、期待通りワクワクしてくれているようです。

すべてにおける自己肯定感の重要性

ワクワク感と並んで大切なのが、自己肯定感です。

私は社会に出た当初、自己肯定感が全くありませんでした。

生来の虚弱体質でしたし、初めて就職したコンピューター会社でも、何もできないので辛かった。

〈こんな自分は自分じゃない〉

と自分自身に言い聞かせ、苦悩をしのいでいました。

いま思えば、自己肯定感を守ろうとしていたのだと思います。

学歴、資格、会社名、実績、能力……これらが優れている人は、自己肯定感が高いようです。

ただし、**能力の場合は、客観基準が難しい面があります。低学歴や無職でも、能力の高い人はいくらでもいます**から。

また、魅力とか勘の鋭さとか経験値とか、そういった能力もなかなか測りにくい。というか形で表現しにくい。

ですから**多くの人は、学歴とか、資格とか、目に見えるもので自己肯定する**わけです。

あるいは三国志の劉備のように、自分は王室の血を引いている、という自己肯定感もあります。

ご承知のように、劉備は漢王朝の末裔だと自覚することで、天下を争う存在にまでなったのです。**自己肯定感の重要性**が、よくわかる例だと思います。

王様とまではいかなくても、自分は貴族の血を継いでいる、自分は優秀な血を継いでいる、と自己肯定している人はいるでしょう。

その一方、学歴も無い、資格も無い、名家の生まれでもない……そういう人が、自己肯定感を持とうとすると、馬鹿にされるケースがあります。

しかし、例えば昔の私のような、高卒かつ虚弱体質で、半ば引きこもっていたような人間は、自己肯定感を抱いてはいけないのか。そんなはずがありません。

今の私は、「テレビCMに出ている社長」だの、「年商100億円企業」だの、目に見える「客観基準」があります。

けれども、**実は社長職などというのは、働かなければホームレスと変わらないのです。自分で稼がないと給料も入らない。**

「年商100億」なんていっても、働き続けなければお金は入らないわけで、止まった途端、1円も入らなくなるのです。

ですから私は、「社長」という肩書があるからといって、自己肯定感を持つことなどありません。

高校を出て、家でひとり悶々としていた頃の私と、今の私は、一皮むけば大して変わらない——そんなものです。

結局、自己肯定感とは、肩書や履歴や世間の評価とはまた別に、自分の中でつくっていくべきものだと思います。

以前、インタビューに来られた元雑誌編集長の方が、面白い話をしていました。

高度成長の良き昭和の頃、雑誌がまだ売れていた時代のことです。その元編集長の方がつくっていた雑誌は、ご自身の出身地の人口よりも発行部数が多かったそうです。

ですからその方は、

〈自分は地元の首長よりも多い人数を確保している〉

との自己肯定感を持ったとのこと。

他方、

〈これだけの読者を相手にしているわけだから、しっかり応えていかないと〉

というプレッシャーも凄かったようです。

大部数によって生じた自己肯定感と、プレッシャー、責任感。それらを背負うことで、自分が成長していくことを実感したそうです。

この元編集長の方のように、その時々の立場や環境の中で、自分でつくり上げていくもの。それが、自己肯定感というものだと思います。

コンフォートゾーンを上げる工夫

本章のはじめ「壁を超えるとみえるもの」の項で、コンフォートゾーンについて説明しました。

繰り返しになりますが、**コンフォートゾーンとは、自分が「安心・安全だ」と感じる領域のことです。**

このコンフォートゾーンを逸脱すると、人間は不安を感じ、不安定になります。

これはビジネスにおいて重要なことなので、あらためて詳述したいと思います。

急に売り上げが伸びると気後れし、夜遊びなどに走って仕事のペースを乱してしまう、という話はしました。

環境の変化についていけず、心も仕事もガタガタになるわけです。

コンフォートゾーンというのは、なにも売り上げに限りません。「人」に対してでも存在します。

大企業の課長あたりと会うことになった時、怯《ひる》んでしまう人がいます。

中小企業であろうと経営者なら、一流企業の幹部以上に、ビジネスの知見を持つ人が少なくない。

それなのに、会社名などに圧倒され、怯む相手でも無いのに怯んでしまう。

こういうのは、**コンフォートゾーンが低い**わけです。なので、**必要以上に気後れし、ビジネスチャンスを逃すこともある。**

私自身、他人事のように書いていますが、昔はコンフォートゾーンを低く設定していました。

ですから、それなりの社会的地位を持つ方と会うと、怯むとまではいきませんが、多少は気後れしていました。

しかし、今は大丈夫です。コンフォートゾーンを上げていますから、一流経営者の方と会食しても平気。

面識の無かった岩井良明さんに声をかけ、リライブシャツを着ていただいたのも、コンフォートゾーンを上げた結果です。

これが低いままだったら、初対面の有名人に、いきなり「このシャツを着ていただけませんか」なんて図々しいことは言えなかったでしょう。

コンフォートゾーンとは、それほど重要なものですが、ある意味、**想像の産物です。自分で想像し、設定し、つくり出すものです。**

私の場合、

「日本で年商2000億円、海外で年商2000億円、最終的には世界平和」という巨大なスケールのものを想像し、志として掲げています。

ですから、コンフォートゾーンが広いです。

コンフォートゾーンを想像するに際しては、コツがあるので教えましょう。

それは、想像のネタになるような人物や事例を、探すということです。

例えばマザー・テレサ。

彼女は実際、何をした人でしょう。敢えて大雑把に言えば、すごく優しい人、すごく他人のために尽くした人、ということだと思います。何か世界を変えたとか、何かを遺したとかではない。

しかし、マザー・テレサの名前は世界中に轟き渡っています。ノーベル平和賞も受賞した。誤解を恐れずに書けば、人一倍優しい、献身的、というだけで、世界の英雄になったのです。

ということは、「優しい」「献身的」といったことでも、コンフォートゾーンを広げることになるわけです。

例えば10年間、介護の仕事を一生懸命やってきた、こういうのでも十分です。優しさ、そして献身的な姿勢は、ノーベル平和賞に値するほど尊い行為なのです。マザー・テレサがそれを証明しています。

ですから、それらが求められる介護の仕事を10年もやったということは、世のたいていの仕事をこなせるはずです。

〈自分はマザー・テレサのような優しさと、献身的な姿勢をもって、介護職に10年も従事した。これはノーベル賞級の行為なのだ〉

と**自信を持って想像し、コンフォートゾーンを設定する。こうすれば、どんな仕事や人物に対しても、気後れせずに向き合うことができるはず**です。

「神頼み」は理にかなう方法

事業をやっていると、1人の力には限界があることを痛感します。**どんな事業であろうと、誰かの協力が無ければ前に進まない**のです。

リライブシャツの開発にしても、きっかけは武術仲間が貼ったテープです。

彼がいなければ、

〈このテープをシャツに貼ったらどうだろう?〉

と、思いつくことも無かったわけです。

また、実際にシャツを作り始めてからも、手作業では限界がありました。鉱業企業の方々の協力により、きちんとした製品を開発できたのです。

本書にしてもそうです。「書く」という作業は、確かに１人でもできます。しかし、商品として販売しても恥ずかしくない水準にするためには、編集者の方の協力が不可欠です。

プロのアドバイスを受け、文章を直したり削ったり書き加えたりする。そうすることで、やっと人様に見せられる原稿が出来上がるわけです。

その後、製本するに際しても、私の手を離れたところで行われます。

執筆作業は、他の仕事と比較して、１人でやる部分が多いとは思います。とはいえ、編集者の方や出版社の協力が無ければ、「出版」という事業自体が成立しないのです。

第４章の最後で「運」について述べた時、**「神様は真面目で人のために頑張る人間を助けたいはずだ」**と書きました。

人に協力してもらう、手伝ってもらうということも、これと同じだと思います。

「俺、金持ちになって遊び惚けたいからお前ら手伝ってくれよ」

なんて言われて、協力する人がいるでしょうか？

けれども、

「俺、世界中の困っている人たちを救うために良い方法を見つけたので手伝ってほしい」と心から真剣に話せば力を貸してくれる人が何人もいるはずです。

よく「神頼み」と言いますが、これも同じことだと思います。

私はよく神社参拝に行きます。

「これをやりたいから応援してください」

「あれが欲しいから助けてください」

などとお祈りすることは、本当の神頼みではない。**一方的にあれこれしてくれと頼むのは、単なるワガママです。**

「私はこれを、こういうふうにやります。ですから応援してください」

とお願いすることが、本当の神頼みだと思います。自分の目的と、決意をしっかり示したうえで、神様に頼むのです。

しかも、このように神頼みをすれば、周囲にもそれが伝わっていきます。

アイツは自分のためじゃなく、みんなのためにこれをやろうとしている。そう神頼みしていた……と広まって、「アイツに協力してやろう」との雰囲気がつくられていくのです。

結局、**私利私欲に走らず、真面目に、誠実に、他人のために頑張ることが大事なのです。**

そうすれば、周りのみんなが手伝ってくれますし、神様も力を貸してくれます。

そうなれば、結果として自分のためにもなるのです。

めざす先は世界へ、について

先日、私はフィンランドへ行ってきました。

首都ヘルシンキで開催された、バイオハッカーサミットに参加するためです。

バイオハッカーサミットとは、世界のインフルエンサーや各分野の専門家が集まった団体が主催する、最新の健康に関する大きなイベントです。

世界60ヵ国以上から参加者が集まり、講演を行ったり、展示会を開いたりします。

私はこのバイオハッカーサミットに、リライブシャツの会社の社長として出席しました。

このイベントに出るということは、リライブシャツがヨーロッパを通じて世界へ広がっていくことを意味します。


２０２５年の秋には、東京でサミットが開かれます。わが社もその冠スポンサーとして、

参加することが決まっています。私はリライブシャツをテーマに、講演も致します。

フィンランドでのサミットでは、世界中の方々に、リライブシャツを体感していただきました。

世界中の人たちが参加した会で、自社の製品を試着してもらう。

こんな機会は滅多にありません。主催者の方々に、感謝する次第です。

ありがたいことに、**洋の東西を問わず、人種や国籍も問わず、みなさんリライブシャツの効果を実感してくださりました。**

私は30数年間、色んな事業をやってきましたが、所詮、日本国内だけの話です。海外での事業展開は、全く経験がありません。右も左もわかりません。

ですから、**フィンランドのイベントに参加**したことは、非常に大きな経験となり、また財産にもなりました。

なおかつ、**リライブシャツが世界にも通用することを、この目で確かめられた**わけです。

これも大変な成果でした。

しかも、海外の様々な専門家の方々と、対面で交流することもできました。これもまた、大きな刺激になりました。

「海外で年商２０００億円」という、高い志を実現するための第一歩になる。

そう確信できた、有意義なフィンランド視察でした。

海外がらみでは、もうひとつ、別の大きなイベントに参加することが決まっています。**２０２４年の９月にアメリカで開催される、国連関係者が集まる、あるサミットで講演することになりました。**もちろん演題は、リライブシャツです。

国際的な大手メディアや企業、財団が参加する予定です。

来年以降、北米に支社を置く計画もあります。

まだ決まっていませんが、現時点ではアメリカか、カナダはどうかと考えています。

アメリカもカナダもそれぞれ魅力的な国です。アメリカは世界一の超大国ですし、カナダは２０２５年のＧ７サミット開催地です。

しかも、いずれも親日国。私どものような新参者でも、参入しやすい雰囲気があります。

海外支社の設立は、本格的な世界進出のスタートです。

アメリカかカナダか、まだ決めてはいませんが、

〈いよいよリライブシャツを、世界の人たちにも伝えられる〉

と、ワクワクしています。

散々書いてきた通り、私は虚弱体質に苛まれ、友達もろくにできない子供でした。成人しても、半ば引きこもりのような状態で、親の仕事を手伝っていたのです。大した学歴も無く、職歴も無く、人脈も専門知識も無い。健康さえも無い。そんな私でさえ、還暦近くに起業して100億円企業の社長になれたのです。

真面目に、誠実に、**高い志をもって努力する**ことです。

そうすれば、いつか必ず報われます。

少なくとも、努力が何らかの形で活きてきます。

読者の皆様が、ワクワクしながら人生を歩まれることを期待して、筆をおきたいと思います。最後までお読みくださって、ありがとうございました。

あとがき

最後までお読みくださってありがとうございます。

この本を書くことで自分の人生を俯瞰することができました。

決して平坦な人生ではありませんでしたが、起業という厳しい道のりを歩むことでたくさんの学びを得ることができました。

そして人生は使命と志が大事であることを知りました。

私はリライブシャツを広めることで「世界中の人を心身ともに健康にする」という志を全うする決意で残りの人生を歩みます。

この本があなたの人生に役立ったならうれしいです。

リライブシャツを愛用してくださっている皆様、岩井良明主宰をはじめとする令和の虎の関係者の皆様、そして株式会社りらいぶの社員のおかげで、本書は完成しました。皆様に、深く感謝申し上げます。出版の機会を与えてくださった青志社の阿蘇品蔵社長にも、深く感謝申し上げます。

また志やキネシオロジーをご指導いただいた出口光氏、佐々木喜一氏、レノンリー氏にも感謝申し上げます。

佐々木貴史

2024年9月

〈参考文献〉

出口光『天命の暗号』(中経出版)
苫米地英人『夢をかなえる洗脳力』(アスコム)
ナポレオン・ヒル『思考は現実化する』(きこ書房)
池川明　映画「かみさまとのやくそく」
エビデンス　https://relive.site/

佐々木 貴史

ささき　たかし

株式会社りらいぶ代表取締役

１９６１年7月6日生まれ。福島県出身。高校卒業後、自営業手伝いを経てコンピュータソフトウェアの会社に就職。その後退社し起業。ソフトウェアの会社を立ち上げたのち、通販事業、飲食店、不動産など複数の仕事を立ち上げる。２０１７年に株式会社身体機能研究所を立ち上げ、のちに株式会社りらいぶに社名変更。リライブシャツなどの機能性ウェアを発明し、日本とアメリカで特許取得。リライブシリーズは累計売上１５０万枚を突破。第１種情報処理技術者、宅地建物取引主任者。

進行：久保木侑里　三浦一郎

編集協力：栗原直樹

地方の小さな会社の
リライブシャツが
なぜ100億円も売れたのか

二〇二四年十月十七日　第一刷発行

著者　佐々木 貴史

編集人 発行人　阿蘇品 蔵

発行所　株式会社青志社
〒一〇七-〇〇五二 東京都港区赤坂5-5-9　赤坂スバルビル6階
（編集・営業）Tel:〇三-五五七四-八五一一　Fax:〇三-五五七四-八五一二
http://www.seishisha.co.jp/

印刷・製本　株式会社太洋社

ISBN 978-4-86590-179-5　C0095